U0754555

中国人民大学
未来法治研究院

人大未来法治研究丛书

BIG DATA
ARTIFICIAL INTELLIGENCE
WOMEN'S RIGHT TO WORK

大数据、人工智能与妇女工作权

本书为中国人权研究会 2020 年度研究课题「人工智能对妇女工作权的影响及法律对策研究」（CSHRS2020-12YB）的结项成果

陆海娜　著

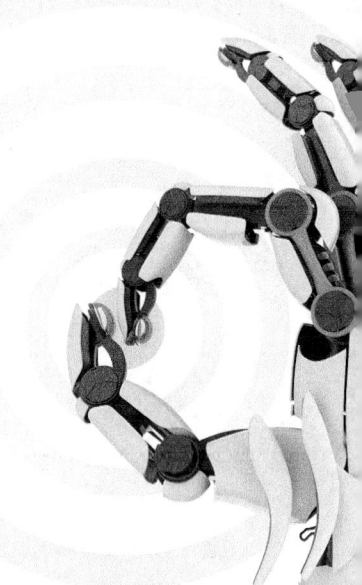

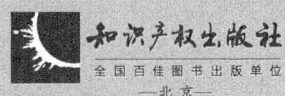
知识产权出版社
全国百佳图书出版单位
——北京——

图书在版编目（CIP）数据

大数据、人工智能与妇女工作权 / 陆海娜著 . —北京：知识产权出版社，2021.6
（2024.5 重印）

ISBN 978-7-5130-7555-8

Ⅰ.①大…　Ⅱ.①陆…　Ⅲ.①数据处理—影响—妇女—就业—研究—中国
②人工智能—影响—妇女—就业—研究—中国　Ⅳ.① D669.2

中国版本图书馆 CIP 数据核字（2021）第 101933 号

责任编辑：雷春丽　　　　　　　　　　责任校对：潘凤越
封面设计：乾达文化　　　　　　　　　责任印制：孙婷婷

大数据、人工智能与妇女工作权

陆海娜　著

出版发行： **知识产权出版社** 有限责任公司		网　　址：http://www.ipph.cn	
社　　址：北京市海淀区气象路50号院		邮　　编：100081	
责编电话：010-82000860转8004		责编邮箱：leichunli@cnipr.com	
发行电话：010-82000860转8101/8102		发行传真：010-82000893 / 82005070 / 82000270	
印　　刷：北京九州迅驰传媒文化有限公司		经　　销：各大网上书店、新华书店及相关专业书店	
开　　本：720mm×1000mm　1/16		印　　张：15.25	
版　　次：2021年6月第1版		印　　次：2024年5月第2次印刷	
字　　数：210千字		定　　价：88.00元	

ISBN 978-7-5130-7555-8

建设面向未来的世界一流法学学科

未来已来！

进入 21 世纪第二个十年，人工智能、高端芯片、区块链、基因检测与基因编辑技术等突破了一系列重要的技术屏障，开始以我们从未想见的广度、深度和速度普及到我们的生产和生活中，整个人类都面临着数千年未有之大变局！

已经到来的这个未来，令人印象深刻：人生而渴望自由，却无时无刻不身处网络中；人生而渴望平静的生活，却每分每秒都无处躲藏。人类有很多美好的想法，总想"鱼"和"熊掌"能够兼得，我们中国人就此还贡献了一个词叫"两全其美"。但生活的现实残酷地告诉我们，"鱼"和"熊掌"不可兼得。我们在得到的同时，一定会失去些什么：如果我们想享受农业社会的田园风光，就一定会付出物资相对匮乏的代价；如果我们想享受工业社会丰富的产品，就一定会牺牲恬淡、自然和舒适的生活。如果我们想享受人工智能时代的便利，我们准备付出什么？如何能够让人类的获得最大化，让付出的代价在人类可接受的范围内，这可能就是未来法治要着重去思考的问题。

2017年9月8日，中国人民大学法学院集中优质资源，成立未来法治研究院，就是为了回应新一轮科技革命和产业变革对法治、给人类所带来的机遇和挑战。未来法治研究院要成为促进法学学科与人工智能、互联网、大数据、云计算等现代科技及司法实践深度融合的重要载体，成为具有创新实力、在国际上拥有话语权、能够抢占国际学术制高点的重要战略创新力量，并力争具备在这些新兴学科领域与世界顶尖法学院平等对话和竞争的能力。目前，未来法治研究院已经会聚一支具有法学、计算机科学、信息科学等跨学科背景、学缘结构多元、年龄优势明显、国际交往能力突出的学术团队。未来法治研究院自成立以来，立足中国问题，面向新一轮科技革命和产业变革所带来的挑战，已先后组织了多期未来法治读书会、具有较大影响力的学术研讨会和前沿讲座，逐步起到了学术引领的作用。

未来法治是一个需要充分展现人类想象力的领域。如果说到现在为止，改革开放已经走过的四十余年，我们中国人向世界展现的主要是学习能力的话，那么改革开放未来的四十年，甚至更长的历史时段，我们中国人需要向世界展现的，主要应当是我们的想象能力：面对人类还没有给出答案的问题，我们要给出适合我们的答案；来到人迹罕至的区域，要留下我们的脚印；我们要在还没有路的地方，披荆斩棘，筚路蓝缕，走出一条自己的路！

组织出版这套未来法治研究丛书，就是试图展现未来法治研究院年轻同事们的学术想象力。我一直相信，对于一个百年来不断从人类共同文明中汲取营养的民族，能够对解决相同的问题提出更好的方案，能够对没有答案的问题给出我们的回答，才是我们这个民族能够对人类共同文明作出的最好的回馈。

让我们一起自信、勇敢地面对未来！

中国人民大学副校长
中国人民大学法学院院长　**王　轶**
未来法治研究院院长

于明德法学楼

序

我们正处于互联网科技革命的时代。无论是英国知名金融评论家克里斯·斯金纳（Chris Skinner）在其著作《数字人类——第四次人类革命的未来图谱》中描述的人类社会的第四次革命，还是世界经济论坛创始人克劳斯·施瓦布（Klaus Schwab）在《第四次工业革命——转型的力量》一书中诠释的第四次工业革命，皆以互联网科技革命的兴起为标志。互联网科技将数字技术、物理技术、生物技术等有机融合，通过数字身份、人工智能、区块链、大数据等最新科技成果影响着经济与社会。互联网技术推动生产力快速发展，为人们生活带来便捷的同时，也给人类带来巨大的挑战，引发了对个人权利的隐忧。如何实现互联网科技发展与人的发展之间的共赢，在促进互联网技术进步的同时充分保障人的发展权，需要我们在法律层面进行思考与回应。

面对互联网技术的快速发展，人们最担忧的莫过于机器取代人类劳动对就业的影响。随着人工智能技术日趋成熟，机器正迅速替代一些传统的劳动密集型岗位。机器人不会衰老、生病、死亡，无须工资、社保、加班费，使用机器人作业被许多企业视为节约人力成本的有效方式。几年前，苹果公司的主要代工厂富士康已然声称将在其中国工厂以数以万计的机器取代流水线作业的工人。目前，自动驾驶技术已相对成熟，倘若这一技术被广泛应用，职业司机岗位将走向消亡，数以千万计的出租车司机、卡车司机等将面临转岗。在自动化的浪潮中，白领职员的岗位同样难以幸免。由于专业技术领域以及企业和政府管理过程中人工智能的广泛应用，大量可以凭借技术手段完成的工作岗位也极有可能为人工智能所替代，这些岗位包括银行柜员、金融分析师、会计师、翻译师，甚至医生、律师、电台主播，等等。机器广泛取代人类劳动是否会导致失业率大幅上升？这一问题在今天显然已经无法回避。

劳动力市场是市场经济体系的重要支柱，市场经济下的劳动就业主要通过劳动力市场来配置和调节，法律的功能是规范劳动力市场主体的行为，进而为劳动者创造平等的就业机会，减少就业歧视现象，保障劳动力市场中弱势群体权益，促进劳动者充分就业。女性在劳动力市场中处于相对弱势的地位，在人工智能被大量运用的背景下，女性就业机会是否会遭到新一轮的挤压，这是当下和未来都亟须关注和研究的问题。面对这些新情况、新问题，法律应有的警戒线在哪儿？如何对女性工作权予以法律保护？陆海娜教授的新作《大数据、人工智能与妇女工作权》对这些问题进行了深入思考，重新界定了工作权的内涵，讨论了大数据、人工智能的发展对女性工作权可能带来的影响，提出了保障女性工作权的基本方案。

工作权事关人的生存和发展，是一项基本人权。如何界定工作权，不同的学者着眼点有所不同。主流工作权理论主要关注有酬工作、工作机会平等、同工同酬等与工作权相关的一般理论。陆海娜教授则另辟蹊径，从社会性别的角度出发，研究工作权的概念，明确工作权教义学上的数个盲区：主要由女性承担的无酬家庭照顾劳动被忽视，市场对有酬家庭照顾劳动的价值的低估，女性在职场中遭受的各种性别刻板印象，女性面对的职业起点与竞争资源的不平等，性别与职场发展空间的关系，等等。对这些问题的深入研究和挖掘，需要透过法律抽象的平等概念来探究女性就业的现象、存在与价值。这些问题让我联想到两件事，第一件事是我指导的一位很优秀的女生，硕士毕业后任职于一家金融企业，几年后晋升至重要的管理岗位，出于担忧发展机会受到影响，她迟迟不敢生育。由于我国目前法律尚未明确规定用人单位应保留女性生育期间原有职位和待遇，导致一些女性因休产假丧失职业发展机遇，不利于保障女性工作权和生育权。第二件事是去年一位硕士研究生的毕业论文选择以家务劳动损害之赔偿为主题开展研究，开题答辩时有教师提出"家务劳动"并非劳动法上的劳动，论文选题欠缺立论基础。但我鼓励她可以突破传统"劳动"概念，从更广泛的意义上来论证女性从事家务劳动的价值，最终她圆满完成这篇硕士论文。从这两件事可见，无论在职场中还是理论研究上，社会对女性劳动的认识皆存在许多观念上的误区。

面对这些盲区和误区，陆海娜教授从女性主义立场出发对传统工作权概念进行了批判和重构，倡导将家庭照顾劳动纳入工作权概念并通过法律的形式体现与保护，提出更加根本性的方案是改变性别社会分工的社会意识或刻板印象，使男性和女性平等地从事家庭照顾劳动。国际人权法需要打破自身的学科壁垒，引入性别经济学和社会学的研究成果，充分认识到照料劳动的经济价值和社会贡献。同时，应当对工作权的国际人权法标准进行更广泛的讨论和必要的修正。面对女性所面临的职场困境，可以借鉴其他国家行之有效的措施，通过法律和其他手段予以应对，如在反就业歧视法中引入性别刻板印象的概念，设置女性在公司高管和董事会中的人数比例，绩效考核中适当考虑女性员工的家庭责任，等等。面对职场空间可能引发的性别歧视、性骚扰等问题，亦须法律更为自觉地作出回应。

大数据、人工智能对劳动就业的巨大影响已毋庸置疑，而技术进步是否会加剧抑或淡化就业性别歧视呢？表面上看，技术是不存在偏见与歧视的"中立派"，但实不然也，技术既可能是性别平等的助推器，也可能是性别歧视的催化剂。由于算法、大数据运用的背后都受到人为因素的驱动，就业歧视现象固然难以消弭。如何在人工智能深度参与招聘过程的背景下实现男女就业机会平等，陆海娜教授在著作中提出的可能方案包括：通过训练人工智能设备，扩展其展示结果的多样性以便更好地实现人类想要达到的目标，即实现性别平等的目标；通过鼓励更多女性进入人工智能职业领域，促使女性需求受到足够重视，从而形成能够影响行业决策的效应；通过一定的技术手段，确保数据选择中的性别平等；通过在技术运用中增加法律、政策、伦理等方面的指导，更好地规范人工智能处理数据的行为；等等。此外，隐私权保障问题与大数据相伴而生，女性的个人隐私如婚姻、生育、家庭状况等与就业、晋升、考核、职业发展等密切相关。如何消除大数据时代劳动者隐私衍生的性别影响？法律干预是重要的手段。应当建立健全与大数据相关的隐私权保护法律制度，在《民法典》隐私与个人信息保护制度的基础上，尽快出台个人信息保护法、数据安全法等法律，构建严密的个人信息与数据安全保护法律体系。同时，企业应当重视培养员工数据安全保障意识，健全员工信息保护措施，建立有效的预防和追责机制。

随着互联网平台的发展，依赖平台就业的劳动者的规模不断扩张，数量不断增加。对于女性劳动者而言，平台经济既有可能对促进女性就业发挥积极作用，也有可能带来许多新的负面影响。平台经济的发展创造更多就业机会，如淘宝商家、直播销售主播、网红美妆服饰等，使女性劳动者获得了一定的优势，同时引发了一个新话题：平台经济对职业的塑造是否逾越了传统职业性别隔离的鸿沟？遗憾的是，不少研究表明，虽然平台经济一定程度上打破了传统的职业性别隔离，但在传统上男性集中的职业领域，平台经济从业者仍然以男性为主体。更为残酷的是，平台经济自身也会创造新的职业性别鸿沟和数字鸿沟，如女性在信息技术领域的参与率严重偏低等。这些现象明显加剧了男女就业机会的不平等。面对这些问题，以传统劳动形态为基础构建起的反就业歧视法尚显力不从心，需要从理论和制度层面上深入探索，进一步完善相关立法，运用法律和政策回应平台经济中的职业性别隔离现象，弥合性别数字鸿沟，对女性工作权给予更充分的保障。

工作权是陆海娜教授长期关注和研究的领域，她的博士论文即围绕工作权而写就。她从比利时鲁汶大学取得博士学位后来到中国人民大学法学院工作，我们成为同事。近些年，她的研究范围从工作权拓展到劳动法、人权法和反歧视法等领域，多学科综合视角使得她的研究领域更加宽阔，理论基础更加扎实。作为女性学者，陆海娜教授从女性立场出发，探索女性社会群体的问题，更容易捕捉妇女工作权问题的实质。《大数据、人工智能与妇女工作权》一书论题前沿、视角独特、观点犀利、资料丰富，充分揭示了大数据、人工智能对女性劳动就业带来的影响，从法律层面提出了对策建议，是当下从女性主义视角研究大数据、人工智能与女性工作权的一部力作。

是为序。

于中国人民大学明德法学楼

2021 年 6 月 5 日

前言

工作权是我的博士论文的研究主题。当时选题的契机是我国于 2001 年批准了《经济、社会及文化权利国际公约》，而当时我国正如火如荼地进行国有企业的改制，分流冗员，不少工人因此下岗再就业。这些引起了我对该公约第 6 条工作权保护的好奇心：国家在实现其经济社会宏观目标的时候如何保护个人的工作权。研究起来才知道工作权的内容如此庞杂，在博士阶段也只可能选择其中的一个角度进行研究。但我对该权利的热情不减，在完成博士论文，进入中国人民大学法学院工作后，又从反歧视和平等原则的角度对工作权做了更深入的研究，尤其是性别平等的角度。

之后，平台经济开始在我国迅猛发展，产生了一系列的劳动者保护问题，国内劳动法学界也开始关注与平台经济相关的劳动法问题。我认为从劳动法的技术角度无论如何安排和规制这样的新型劳动方式，包括如何定性劳动者和平台之间的关系，讨论的一个基本前提是：劳动者是人，应该享有基本的人权。牢记这一点，讨论就不会偏离方向。因此，一个人权的视角是必须要有的。对此，我从社会权利的视角对平台经济中的劳动者保护做了研究。随着研究的深入，我开始关注这种新型用工模式对女性的影响，由此扩大到思考大数据与人工智能对妇女工作权的影响。在另一本专著计划里，我打算专门讨论大数据和人工智能对工作权的一般性影响。本书的侧重点在性别。

出于女性的身份以及由此带来的不同于男性的个人经验，我对女性主义理论非常感兴趣。从性别视角看问题渐渐成为一种习惯。在法学领域，性别议题常常被忽视，被认为是个微不足道的边缘话题。法律也常常被认为是性别中立的，除了一些专门以保护女性为目的的法律，一般的法律有关性别影响的讨论较少。这当然与法学界以男性为主有关系，女性学者人数较少，且常常处于较为边缘的地位，其学术观点也往往不受重视。抑或女性学者在长期缺乏性别视角的学术环境中也未必就有性别视角。可喜的是，越来越多的新一代女性学人开始关注性别议题，有性别视角的学术成果逐渐增多。本书希望能在这些成果上增加一项。

女性在传统就业环境中一直受到各种形式的歧视，那么大数据和人工智能的发展带来的新经济模式对女性来说又意味着什么？是机会还是挑战？我们对此应该做些什么？我们又能做些什么？带着这样的好奇心，我申请了中国人权研究会 2020 年的年度课题并有幸入选，于是成就了本书。

要感谢的名单很长，无法在此一一列出。首先要感谢中国人权研究会、中国人民大学法学院和中国人民大学人权研究中心对我这项研究的支持。感谢我的研究助理郝万媛、魏依文对文献的收集、整理以及后期的校订工作。也感谢未来法治学院对本书的出版资助。同事们的研究也给我提供了不少想法和灵感。感谢知识产权出版社的雷春丽编辑为本书出版所付出的辛劳。当然，还要感谢家人的关心与支持，使我能用心完成这样一部耗时耗力的作品。

由于我的个人智识与能力的有限，本书难免有这样那样的错误，欢迎学界同人批评指正！

陆海娜

于世纪城翠叠园

2021 年 6 月

目录

导论

　　工作权是一项基本人权，事关个人和集体的生存与发展。因此，我国批准的《经济、社会及文化权利国际公约》将工作权作为公约的第一个实体个人权利加以保护。对于妇女来说，工作权更是实现性别平等、自我赋权、自我发展的重要手段。因此，性别平等原则也是工作权的一项基本原则。

　　从工作权产生的社会经济背景来看，工作权是工业革命和工业社会的产物。那么，在后工业社会，尤其是在大数据和人工智能主导的工业 3.0 时代，工作权又会对性别平等产生哪些影响？在保障妇女平等就业权方面，国家又可能面临哪些新的挑战，应该如何应对？目前，学界和实务界讨论比较多的是平台经济中的劳动者保护以及人工智能对人类劳动替代的影响，但是从性别视角出发的研究还很少。本书试图弥补这一空缺，从三个方面梳理分析大数据和人工智能对妇女工作权的影响：对传统就业的性别影响；平台经济与女性劳动者；人工智能与家庭照顾劳动。

　　本书的第一章首先从性别的视角重新审视了工作权的概念，提出现有的国际法教义存在几个性别盲区：被忽视的无酬家庭照顾劳动；市场对有酬家庭照顾劳动的价值低估；女性面临的性别刻板印象和职场资源不平等问题；法律、性别与职场空间的关系（包括职场暴力和骚扰）。性别平等本质上是一个权力问题。女性主义法学的一个出发点即认为法律并非性别中立，而是反映了不同性别之间的权力关系。而法律反过来也会产生和塑造性别。父权思想影响下的法律体系不利于性别平等和女性的权利保障。这一点也反映在国际法层面。从女性主义理论的各个分支出发，本章分析了这几个盲区产生的原因，随后提出国际法应该如何更新以弥补这些缺陷。了解和正视这些性别盲区才能更好地理解大数据和人工智能对妇女工作权可能造成的影响。

　　第二章探究大数据和人工智能对传统就业的性别影响。在新技术革命的推动下，一些企业试图通过大数据招聘软件等方式优化自己的招聘和评估员工，以便实现人才的最优配置。然而，在这看似进步的博弈中，女性作为就业市场中不时遭受性别歧视的群体的境况并未实现实质性的转变，反而可能遭受更加隐蔽的歧视。虽然就业性别平等是国际法和国内法共同追求的目标，但是在实践中，与男性相比女性依然面临着就业难、职业发展难、职场资源分配不公等困境，而大数据和人工智能的应用可能加剧已有的性别歧视，更加不利于妇女平等地享有工作权。本章共分为三节探讨这一问题：大数据、算法对招聘的性别影响；大数据对劳动者隐私权的性别影响；人工智能对就业安全权的性别影响。

　　第三章讨论平台经济中的女性劳动者的状况以及平台经济对就业性别

的影响。平台经济对劳动法和劳动者保护来说是一个挑战，尤其对女性劳动者的影响则更为复杂，可能是机遇与挑战并存。因此，平台经济对工作权的性别影响需要深入探讨。例如，对传统经济中的性别行业隔离问题，平台经济是否会呈现不一样的图景？另外，平台经济真的可以帮助劳动者，尤其是女性劳动者实现家庭和工作的平衡吗？本章试着从五个方面探讨这个议题：平台经济赋予女性的新机遇；平台经济与就业歧视；平台就业与家庭平衡的迷思；女性与数字鸿沟；法律与政策如何回应平台经济。

第四章讨论人工智能的发展在家庭照顾领域的性别影响。女性承担的无酬和有酬的家庭照顾劳动对其工作权的影响是非常明显的。随着人工智能的发展，目前已经有不少家务机器人能够帮助人类打扫卫生，或辅助照顾幼儿和老人等。这些机器人能在一定程度上达到替代部分人工劳动或者对人工劳动实现补充的效果。这是否会替代主要由女性承担的家庭照顾劳动？一方面，人工智能可能会减少女性的无酬家庭照顾劳动的负担，有利于女性就业；另一方面，人工智能是否会对女性集中的家政行业造成冲击，从而影响女性的工作权？人工智能与家庭照顾劳动之间的关系以及互动产生的性别影响究竟如何？本章试图从四个方面加以分析：人工智能替代家庭照顾劳动的现状与前景；人工智能替代家庭照顾劳动的性别影响；人工智能对有酬家庭照顾劳动的性别影响；人工智能对无酬家庭照顾劳动的性别影响。

第一章　性别视角下的工作权概念

　　和其他人权一样，工作权包含的一项重要原则是性别平等。然而，现有的关于工作权的中外研究和主流法理学虽然也强调性别平等原则，却仍然存在一些关键的性别盲点。主流工作权理论主要关注有酬工作，却基本忽略主要由女性承担的无酬家庭照顾劳动在工作权中的意义，也没能关注到女性无法按照家庭与工作的"二分法"做清晰切割的整体处境；主流理论关注同工同酬，却没有意识到市场本身对有酬照顾工作价值的低估，使得该行业的主要从业者——女性，无法与其他行业的男性同工同酬；主流理论关注就业机会平等，却忽视了女性面临的职场资源不平等以及建立在绩效主义基础上的机会平等理念自身的缺陷；主流理论支持建立反职场性骚扰机制，却忽略了性别与权力结构下的职场空间分配的关系对女性产生的负面影响。[1] 按照主流的理论进路去实施工作权，难以达到真正的性别平等。女性求职困难、男女同工不同酬、女性升职有天花板、女性遭遇职场性骚扰，这些问题早已被指出，但是女性的处境并没有根本性的改变，甚至在近些年还出现了倒退。[2] 究竟如何才能真正实现工作权的性别平等？

对此，女性主义法学可以提供全新的角度和分析进路，解构国际人权法规则中的男性中心主义和本质主义思想，给建立在男性经验基础上的国际人权话语"祛魅"。女性主义法学从 20 世纪六七十年代发展至今，自身在不断地完善和丰富，可以按出现先后分为不同阶段，按理论分为不同流派或分支。[3] 但至少在劳动与就业领域，女性主义法学的任何一个流派或分支都没有过时，对今天讨论工作权的性别平等问题仍具有鲜活的意义。

第一节　工作权的起源

探讨工作权的概念起源对于我们准确理解现行国际法中工作权的概念以及它面临的挑战是有帮助的。工作权作为一项人权，其起源可以从政治起源和思想起源两个角度来梳理。工作权的政治起源可以追溯到欧洲工业革命。资本家对工人赤裸裸的剥削和恶劣的工作环境迫使工人团结起来主

1　例如，《工作权：法律和哲学角度》一书里共收录了 17 篇论文，没有一篇是以性别为主的。Virginia Mantouvalou（ed.）, *The Right to Work: Legal and Philosophical Perspectives*, Oxford Portland, Oregon: Hart Publishing, 2015.

2　UNdata, Gender Inequality Index, accessed November 10, 2020, http://data.un.org/DocumentData.aspx?q=Gender+Inequality+Index&id=415.

3　Martha Chamallas：《以过往为序——新旧女性主义及其法律影响》，王新宇译，《妇女研究论丛》2014 年第 1 期，第 78–87 页。

张自身权利。工作权可以说是工人运动和当时的资产阶级人权观念相结合的产物。[4] 工作权的思想起源可以从经济社会权利的思想渊源中寻找，即从人们对有尊严的生存权的认可中探寻答案，具体体现在以下几个方面。

首先，从宗教的角度，宗教含有帮助弱者、贫穷者和被压迫者的思想。《圣经》第一卷《创世纪》中蕴含着劳动与工作构成人的生存的基本维度，也是人之尊严与价值所在的思想。[5] 马克斯·韦伯（Max Weber）分析了清教中劳动和救赎的关系，认为"人劳动不光是为了过活，而是活着本就为了劳动，当人不再需要劳动，便会苦痛或长眠不起"[6]。这些思想虽然并未直接产生工作权的概念，但其对劳动和工作的看法作为工作权产生的思想渊源之一有助于理解最终出现在《世界人权宣言》和《经济、社会及文化权利国际公约》等人权条约里的工作权概念可能包含的内容，如工作的精神维度。

其次，从哲学思想和政治学说中也可以找到工作权的相关渊源，例如，托马斯·佩恩（Thomas Paine）、马克思（Karl Heinrich Marx）、康德（Immanuel Kant）以及罗尔斯（John Bjordley Rawls）的相关学说。[7] 据称是法国空想社会主义者傅立叶（Charles Fourier）首次提出了"工作权"一词，指出工作对个人的重要性，以及国家有向个人提供平等就业机会的义务。[8]

---

[4] 张晓玲主编《人权法学》，中共中央党校出版社，2014，第 161 页。

[5] 例如，教皇保罗二世在通谕 *Encyclical Letter of John Paul II on Human Work：Laborem Exercens*（1981）中指出"工作是人类在地球上存在的一个根本维度"。

[6] 马克斯·韦伯：《新教伦理与资本主义精神》，康乐、简惠美译，广西师范大学出版社，2010，第 51 页。

[7] Henry J. Steiner and Philip Alston, *International Human Rights in Context：Law，Politics，Morals*，2nd Edition，Oxford：Oxford University Press，2000，p.242.

[8] 白桂梅主编《人权法学》，北京大学出版社，2011，第 141 页。

再其次，在许多国家的政治行动计划中也体现了经济社会权利的思想，这与各国当时的政治经济形势密切相关。例如，19 世纪末德国首相俾斯麦（Otto Eduard Leopold von Bismarck）建立了世界最早的现代社会保险计划，20 世纪 30 年代美国大萧条时期的罗斯福（Franklin Delano Roosevelt）"新政"等。[9] 罗斯福新政通过政府直接提供就业和促进宏观经济发展这两种途径来促进就业从而保障工作权。[10] 大萧条促进了各国对工作权重要性的认可，也推动了凯恩斯（John Maynard Keynes）经济学所推崇的充分就业政策，后者被认为是工作权的重要内容之一。[11]

最后，在很多国家的宪法中也可以寻找到保护经济社会权利的理念。例如，1918 年的《墨西哥宪法》、苏联各个时期的宪法、1789 年的法国《人权和公民权宣言》，以及 1919 年的德国《魏玛宪法》。[12]《魏玛宪法》第 163 条含有接近于工作权的规定："所有德国人民，得依其经济性的劳动，赋予取得社会资料的机会，对于无法给予适当的工作机会的，应给予必要的生活费。"[13] 1789 年的法国《人权和公民权宣言》和 1848 年的《法兰西第

9　Henry J. Steiner and Philip Alston, *International Human Rights in Context：Law，Politics，Morals*，2nd ed.，Oxford：Oxford University Press，2000，p.242.

10　Philip Harvey，"Why is the Right to Work so Hard to Secure？" in Lanse Minkler（ed.），*The State of Economic and Social Human Rights：A Global Overview*，Cambridge：Cambridge University Press，2013，pp.135 172.

11　Philip Harvey，"Why is the Right to Work so Hard to Secure？" in Lanse Minkler（ed.），*The State of Economic and Social Human Rights：A Global Overview*，Cambridge：Cambridge University Press，2013，pp.135–172；Jeremy Sarkin and Mark Koening，"Developing the Right to Work：Intersecting and Dialoguing Human Rights and Economic Policy"，*Human Rights Quarterly*，vol.33，2011，p.4，accessed November 4，2020，https://papers.ssrn.com/sol3/papers.cfm?abstract_id=2123075.

12　Henry J. Steiner and Philip Alston, *International Human Rights in Context：Law，Politics，Morals*，2nd ed.，Oxford：Oxford University Press，2000，p.242.

13　张晓玲主编《人权法学》，中共中央党校出版社，2014，第 161 页。

二共和国宪法》也有关于工作权的规定。[14]

从实在法的角度看，工作权最早的国际法律渊源应该是国际劳工组织（ILO）制定的《国际劳工标准》。[15]第一次世界大战后建立的国际劳工组织在其《宪章》前言的第一段即指出"全球持久的和平只能建立在社会正义的基础上"。这种社会正义才能促进和平的理念在第二次世界大战后得以进一步发展，人权与和平的联系得到广泛承认，并最终促成了联合国人权体系的形成。国际劳工组织以"消除工人面临的不正义、苦难和剥削"以及"保障公平和人道的劳动条件"为宗旨，通过了一系列涉及劳动和就业的权利保护的公约，被称为《国际劳工标准》，至今已通过189个公约。[16]其中，关于禁止就业歧视、使用童工、强迫劳动和工会权利的八大公约已被认可为国际劳工组织的核心人权公约。这些公约也为工作权具体内容的解释提供了详细的标准。

第二次世界大战之后通过的第一个世界性的人权文件《世界人权宣言》第23条对工作权的保护部分归因于两次世界大战之间的经济危机所引起的失业问题。西方有学者认为当时的失业问题导致了德国纳粹的上台，战争工业被视作解决国内经济问题的手段。因此，第二次世界大战后各国不仅把失业问题看作对个人生存的威胁，更看作"对民主本身的威胁"。[17]

14　格德门德尔·阿尔弗雷德松、阿斯布佐恩·艾德：《〈世界人权宣言〉：努力实现的共同标准》，中国人权研究会组织翻译，四川人民出版社，1999，第502页。

15　Henry J. Steiner and Philip Alston, *International Human Rights in Context：Law，Politics，Morals*，2nd ed.，Oxford：Oxford University Press，2000，p.242.

16　ILO：Labour Standards，accessed November 13，2020，http://www.ilo.org/global/standards/lang--en/index.htm.

17　格德门德尔·阿尔弗雷德松、阿斯布佐恩·艾德：《〈世界人权宣言〉：努力实现的共同标准》，中国人权研究会组织翻译，四川人民出版社，1999，第502页。

第二节　工作权的概念

一、工作权相关术语的厘清

《经济、社会及文化权利国际公约》第 6、7、8 条三个条款规定了与工作相关的权利。然而，大量的国际性文件和学术资料都没有给出统一、明确的工作权概念。工作权概念的模糊性造成了对该权利本身及相关国家义务的不确定[18]，从诸如"工作权利""工作相关权""与工作相关权利"[19]"就业相关权""工作权和工作中的权利"[20]"劳动权"[21]"劳动者权利"[22]"工作时的权利"[23]等纷繁复杂的名称中就可见一斑。

18　Magdalena Sepúlveda, *The Nature of the Obligations under the International Covenant on Economic, Social and Cultural Rights*, Antwerp-Oxford: Intersentia, 2003, p.8.

19　CESCR Committee, General Comment 5 and General Comment 6.

20　Drzewicki K., "The Right to Work and Rights in Work", in Eide A., Krause C. and Rosas A. (eds.), *Economic, Social and Cultural Rights: a Textbook*, Leiden: Martinus Nijhoff Publishers, 2001, pp. 223-243.

21　Leary V., "A Violations Approach to the Right to Work (Labor Rights)", in Van Boven T.C., Flinterman C. and Westendorp I. (eds.), *The Maastricht Guidelines on Violations of Economic, Social and Cultural Rights*, Utrecht: SIM, 1998, pp.113-123.

22　Some Writers and NGOs Working on National Labor Issues Often Use Terms of Labor Rights or Workers' Rights, for example, Chan, Anita, "Labor Standards and Human Rights: The Case of Chinese Workers Under Market Socialism", *Human Rights Quarterly*, no.4, 1998, pp.886-904. Also Levinson, Jerome, *Certifying International Worker Rights: A Practical Alternative*, briefing paper of Economic Policy Institute, 1999.

23　Bellace J. R., "The ILO Declaration of Fundmental Principles and Rights at Work", *The International Journal of Comparative Labor Law and Industrial Relations*, volume 17/3, 2001, pp.269-287.

为了正本清源，本书分别考察了在学术文献、国际人权文件以及地区性人权文件中出现的与工作权相关的术语，并分析其联系与区别。

（一）学术文献中的概念

国际人权学术界普遍认为，工作权包括一系列的权利，而不是"单一的法律概念"。[24] 但是，学者们对这个"复杂的规范性集合体"的具体组成则有不同的理解。

例如，西格尔（Siegel R.L.）主张"就业权的提法比工作权更好"[25]。他没有使用"工作权"这个术语，而使用"就业权"一词是因为工作权"是国际社会决定使用的"，并且是国际人权文件中的术语。因此，他在研究工作权的国家义务时，其关注点就在于"有偿且自由选择的就业，而非工作"。这是因为从国家义务的角度来看，就业作为一项权利更有实际意义，而就业以外的"工作"只有理论上的意义。他在发表于 2002 年的《工作权：核心最小国家义务》一文中，从国家对工作权的核心最小义务的概念出发，分析了工作权的三个方面：充分就业、平等不歧视原则以及免于强迫劳动的自由，而对工作权其他方面，尤其是非就业的方面没有做进一步

24　Drzewicki K., "The Right to Work and Rights in Work", in Eide A., Krause C. and Rosas A. (eds.), *Economic, Social and Cultural Rights: a Textbook*, Leiden: Martinus Nijhoff Publishers, 2001, pp. 223–243; also Siegel R. L., "The Right to Work: Core Minimum Obligations", in Chapman and Russell (eds.), *Core Obligations: Building a Framework for Economic, Social and Cultural Rights*, Antwerp: Intersentia, 2002, pp.21–52; also Rhona Smith, *Textbook on International Human Rights*, 4th Edition, Oxford: Oxford University Press, 2010, Chapter 19, The Right to Work, p.303; also Lu Haina, *The Right to work in China: Chinese labor legislation in the lights of the International Covenant on Economic, Social and Cultural Rights*, Antwerp-Oxford: Intersentia, 2011, p.42.

25　Siegel R. L., "The Right to Work: Core Minimum Obligations", in Chapman and Russell (eds.), *Core Obligations: Building a Framework for Economic, Social and Cultural Rights*, Antwerp: Intersentia, 2002, pp.21–52.

的阐述。

雷曼（Rehman J.）在《国际人权法：实践的进路》（*International Human Rights Law*：*a Practical Approach*）一书中使用了"工作权及劳动者权利"这一术语。工作权指的就是《经济、社会及文化权利国际公约》第 6 条所保护的内容。他似乎特别关注平等工作的权利。他指出"世界许多地方肆意的歧视和对工作权的剥夺让个人和群体遭受伤害"，并且"许多国家的少数族裔和女性被剥夺了平等机会和选择就业的自由"[26]。但除了歧视的部分，他对工作权规范性内容的研究并不多。这样只强调工作权某个方面的研究很常见，也导致了对工作权的理解的碎片化。

1995 年德茨维凯（Drzewicki K.）发表了《工作权和工作中的权利》（*The Right to Work and Rights in Work*），这篇文章是当时（可能到现在也是）关于工作权的为数不多的论述比较全面、有代表性的学术研究。[27] 文中使用了"工作权和工作中的权利"的术语，但并未清晰地区分两者。他把工作权分为了四个次权利：就业相关权利、就业衍生权利、平等待遇和免于歧视权利以及工具性权利。[28] 他还进一步将就业相关权利分为免于奴役权、免于强迫劳动权、自由工作权（自由就业）、就业服务权、就业权（狭义的工作权）、就业保护权（就业安全）和失业保护权等七个权利。值得注

26　Rehman J., *International Human Rights Law*：*a Practical Approach*, Harlow：Pearson Education Ltd., 2003, pp.113－114.

27　德茨维凯的这篇文章最早是发表于关于经济社会文化权利的国际经典教材——由国际权威人权专家 Eide, Krause 和 Rosas 主编的 *Economic, Social and Cultural Rights*：*a Textbook* 一书中。该书第一版于 1995 年出版，第二版于 2010 年出版，第二版中德茨维凯这篇文章仍然收录其中，内容并没有修订。

28　Drzewicki K., "The Right to Work and Rights in Work", in Eide A., Krause C. and Rosas A.（eds.）, *Economic, Social and Cultural Rights*：*a Textbook*, Leiden：Martinus Nijhoff Publishers, 2001, pp. 223－243.

意的是，他指出将工作权限于或等于就业权是错误的，但是文中并没有进一步阐述工作权中不同于就业权的要素。他的关注焦点在于批评部分国家将工作权误解为向每个人提供就业，由此采取以公共就业为主的全面就业政策，造成了"过度就业和经济低效"的问题。[29]

克雷文（Craven M.C.R.）在其 1995 年出版的专著中严格地按照《经济、社会及文化权利国际公约》的条款来定义工作权，这比较有利于概念的清晰使用。他在这本书中指出，工作权指的是《经济、社会及文化权利国际公约》第 6 条所保护的权利，而《经济、社会及文化权利国际公约》第 7 条指的是享有公平和良好工作条件的权利，该公约第 8 条规定的是工会的权利。他还指出《经济、社会及文化权利国际公约》第 6 条所强调的其实与工作所能提供的东西（指报酬）或工作条件关系不大，更多的是与工作自身的价值有关。也就是说，工作不仅仅是为了获取得以谋生的收入，更是"维持个人尊严的不可或缺的因素"。克雷文强调，尽管就业是工作的主要方面，但"工作权"不能等同于"就业权"。在研究了《经济、社会及文化权利国际公约》的准备文件后，他阐明工作权至少应包括"不被任意剥夺任何（有偿或无偿）工作的权利"。[30]工作类型既包括有酬的工作，也包括无酬的工作。这一分析结论是比较符合公约制定者的原意的。但可惜的是，克雷文并没有进一步分析从事不带来任何收入的工作的权

---

29 Drzewicki K., "The Right to Work and Rights in Work", in Eide A., Krause C. and Rosas A. (eds.), *Economic, Social and Cultural Rights: a Textbook*, Leiden: Martinus Nijhoff Publishers, 2001, pp. 223-243.

30 Craven M.C.R., *The International Covenant on Economic, Social, and Cultural Rights: A Perspective on its Development*, Oxford: Clarendon Press, Oxford University Press, 1995, pp. 196-197.

利到底包含哪些权利内容以及国家应该为此承担哪些义务。

罗娜·史密斯（Rhona Smith）在其 2010 年出版的《国际人权法教材》中把"工作权"一章分成三节讨论，第一节是工作权，第二节是公平良好的工作条件和报酬，第三节是同工同酬。[31] 可见，她在此使用的工作权概念既包含了狭义上的工作权，即《经济、社会及文化权利国际公约》第 6 条的内容，也包含了较宽泛意义上的工作权，即包括了《经济、社会及文化权利国际公约》第 7 条规定的工作中的权利，同时排除了《经济、社会及文化权利国际公约》第 8 条所包含的与工会相关的权利。她对工作权的解释参考了德茨维凯和克雷文在上述论文和著作中的论述，综合了两位学者分析的工作权的各项要素，重点讨论了平等原则、不受任意解雇的自由以及就业中的一些权利。

菲利普·哈维（Philip Harvey）在其 2013 年发表的论文《为什么工作权如此难以保障？》（*Why is the Right to Work so Hard to Secure?*）中将工作权解析为四个维度：数量、质量、分配与范围。[32] 数量维度指的是"市场上有足够数量的可自由选择的工作提供给那些想工作的人"。这和《经济、社会及文化权利国际公约》第 6 条内容中的"充分就业"的概念基本一致。质量维度指的是这些工作应该满足一些"体面工作"的最低要求，包括工资水平、工作条件、职场治理、职业安全、个人发展机会等。这与《经济、社会及文化权利国际公约》第 7 条的内容大致重合，也部分包含了第

31　Rhona Smith, *Textbook on International Human Rights*, 4th ed., Oxford: Oxford University Press, 2010, Chapter 19, The Right to Work, pp.303–316.

32　Philip Harvey, "Why is the Right to Work so Hard to Secure?", in Lanse Minkler（ed.）, *The State of Economic and Social Human Rights: A Global Overview*, Cambridge: Cambridge University Press, 2013, pp.136–137.

6条的内容，例如，职业安全。但他指出的"个人发展机会"较少被其他学者或人权文件所提到，这应该属于较高层次的工作权内容。分配维度是指社会全体成员都有平等的就业机会。这是《经济、社会及文化权利国际公约》第6条保护的工作权的一个重要方面，也是工作权中最没有争议的一个次权利。而工作权的"范围"则要求那些并不从事传统或常规的有偿就业的人，只要从事对社会有用的工作，就有权获得与常规就业的人同样的物质支持、工作条件和个人发展机会。这点是哈维观点中比较新颖之处，也是工作权较少被关注的一个方面，同时是对前述克雷文提出的但是却没有展开分析的"工作权包括有偿和无偿的工作"的论点的进一步发展。

2011年，沙肯（Jeremy Sarkin）和凯尼格（Mark Koening）发表了论文《发展工作权》（*Developing the Right to Work*），文中主要使用了狭义的工作权的概念，即《经济、社会及文化权利国际公约》第6条的内容，同时用工作中的权利指代《经济、社会及文化权利国际公约》第7条的内容，但是也指出《经济、社会及文化权利国际公约》第6、7、8条需要在一起阅读，不可完全分割。文中也部分使用了广义上的工作权概念，即包含了对工作的质量和条件的要求。[33]该文睿智地指出："每个人都有权获得一个工作"才是工作权的核心议题，但是各国出于政治经济的考量，对于国家应当对此承担何种义务无法达成共识，导致了对工作权的碎片化叙述和理解，工作权被分成很多次权利，反而掩盖了其核心议题。

在中国学者学术著作中，白桂梅主编的2011年出版的《人权法学》和

33　Jeremy Sarkin and Mark Koening, "Developing the Right to Work: Intersecting and Dialoguing Human Rights and Economic Policy", *Human Rights Quarterly*, vol.33, 2011, p.4, accessed November 4, 2020, https://papers.ssrn.com/sol3/papers.cfm?abstract_id=2123075.

张晓玲主编的 2014 年出版的《人权法学》两本教材中均有"工作权"一节，两本书对工作权的解释比较一致，都主要参考了德茨维凯的观点，从广义上理解工作权，将其分为工作自由权、就业权、公平良好的工作条件权和工具性权利。其中"就业权"又分为非歧视和平等就业权、就业保护权和免费就业保护权三个次权利。[34] 在这样的划分中，"工作自由权"和"就业权"与《经济、社会及文化权利国际公约》第 6 条的内容大致重合，而后两个权利则大致包含了《经济、社会及文化权利国际公约》第 7 条与第 8 条的内容。

朱力宇和叶传星主编的 2017 年出版的《人权法》教材中关于工作权一节的内容与上述两本教材大致相同，也参考了德茨维凯的观点，但在开头部分按《经济、社会及文化权利国际公约》条款做了一点概念澄清，指出"狭义的工作权是获得职业的权利，即就业权或获得工作权"，而广义的工作权还包括工作中的权利和工会权利等。[35]

叶静漪和魏倩在论文《〈经济、社会和文化权利国际公约〉与劳动权的保护》中主要使用劳动权指代《经济、社会及文化权利国际公约》意义上的工作权，并且从内容看是在广义上使用了工作权的概念，即包括了就业和所有与就业相关的权利。[36]

王天玉和仇晓光在《工作权之再认识——与劳动权相比较视角下的展开》一文中主要是从汉语语义的角度分析工作和劳动的区别，并从《劳动

34　白桂梅主编:《人权法学》，北京大学出版社，2011，第 141-154 页。张晓玲主编《人权法学》，中共中央党校出版社，2014，第 161-167 页。

35　朱力宇、叶传星主编:《人权法》，中国人民大学出版社，2017，第 226-229 页。

36　叶静漪、魏倩:《〈经济、社会和文化权利国际公约〉与劳动权的保护》，《北京大学学报（哲学社会科学版）》2014 年第 2 期，第 87-95 页。

法》的角度分析工作权，对其概念的解读与作为人权的工作权颇有共通之处。例如，认为工作权包含了就业保障和职业安定的权利，只是与国际人权法框架下的工作权概念并不完全一致；例如，认为工作权的主体是劳动者，而人权视角下的工作权主体是每一个人。[37]

冯彦君在论文《劳动权的多重意蕴》中主要从劳动法学的角度分析劳动权，将工作权（就业权）作为劳动权的"权利群"之一，并与报酬权、团结权、职业安全权、职业教育权等相并列。[38]其列举的权利与《经济、社会及文化权利国际公约》第 6 ~ 8 条的内容有不少交叉之处。从上下文来看，此文中的工作权应该是一种更狭窄意义上的就业权，即获得就业的权利。此文亦从人权角度分析劳动权，指出其具有社会权和自由权的双重属性，既有消极也有积极的维度，这对学界的一些观点进行了纠偏，即过于强调劳动权的社会属性，而忽略其保护个人自由的内涵。同时，该文还提出了劳动权应包含择业自由、辞职自由这样对中国非常有现实意义的权利内容。

（二）国际人权文件中的概念

正如学术文献中对工作权存在各种解释和理解，在国际人权法律文件中也并不存在一个关于工作权的共识或权威定义。

1948 年通过的《世界人权宣言》第 23 条规定："人人享有工作权、自由就业权、公平和良好工作条件权以及失业保护权。"该条内容与《经济、

37　王天玉、仇晓光:《工作权之再认识——与劳动权相比较视角下的展开》,《当代法学》2011 年第 3 期，第 142–149 页。

38　冯彦君:《劳动权的多重意蕴》,《当代法学》2004 年第 2 期，第 40–45 页。

社会及文化权利国际公约》第 6 条相类似，似乎《世界人权宣言》也将自由就业权和失业保护权看作两个独立的权利，而非工作权不可分割的一部分。《世界人权宣言》并未对工作权本身进行解释。然而，从整体的角度来理解这个条款可以得出这样的结论：《世界人权宣言》中的工作权指的是一个比较狭窄的概念，只意味着获取工作的权利，与自由就业权、公平和良好工作条件权以及失业保护权相并列。

1966 年通过的《经济、社会及文化权利国际公约》第 6 条规定的是狭义的工作权，第 7 条保护的是公平和良好工作条件权，第 8 条保护的是工会的权利。与此相一致的是，经济、社会和文化权利委员会（以下简称经社文委员会）的报告中将工作权定义为《经济、社会及文化权利国际公约》第 6 条所保护的内容，而用"与工作相关的权利"这一概括性术语指代《经济、社会及文化权利国际公约》第 6、7、8 条所保障的一系列与工作有关的权利。根据经社文委员会《第 18 号一般性建议》，《经济、社会及文化权利国际公约》"在第 6 条宣告了一般意义上的工作权"，并更明确地在第 7 条规定了个人维度的工作权（公平和良好工作条件权），在第 8 条规定了集体维度的工作权（工会权利）。[39] 因此，尽管公平和良好工作条件权以及工会权利在广义上是工作权固有的内容，但它们不是《经济、社会及文化权利国际公约》第 6 条所说的工作权的重点。《经济、社会及文化权利国际公约》第 6 条中的工作权本身就是一个综合性的概念，包括了一系列的权利，如自由选择权、平等就业机会权和失业保护权等，下文将进一步阐述。

39　CESCR Committee，General Comment No.18，para.2.

1979 年通过的《消除对妇女一切形式歧视公约》第 11 条第 1 款规定了女性和男性平等地享有"人类不可剥夺的工作权"（a 段）。该条还规定了与工作权相独立的"平等就业机会"（b 段）、"自由选择职业权，升职和工作保障权……接受职业培训权……"（c 段）、"同等报酬权"（d 段）、"社会保障权"（e 段）以及"工作中享有健康和安全保障"（f 段）。从公约通常不会重复措辞的角度看，《消除对妇女一切形式歧视公约》中的工作权应该指的仅是一种狭窄意义上的工作权，即获得工作的权利。该公约第 11 条第 2 款则规定为了保障妇女"有效地享有工作权"，各国应当消除基于怀孕或产假的解雇。这一段的措辞表明，该公约的起草者认为工作权还包括免于任意解雇的权利。值得注意的是，在该公约的监督机构——妇女权利委员会迄今为止发布的 37 项一般性建议中，只有 1989 年的《第 13 号一般性建议》是关于男女同工同酬的，并没有一项是专门针对一般意义上的工作权的。[40] 作为对该公约的一种权威解释，妇女权利委员会没有出台关于工作权（至少是狭义的女性就业权）的一般性建议是一种重大缺憾，这可能也与工作权本身的概念不清有关。另外，妇女权利委员会对女性从事的无酬家庭照顾劳动与工作权的联系也没有进行解释或评价。

与《世界人权宣言》的规定类似的是，1965 年通过的《消除一切形式种族歧视国际公约》第 5 条规定了工作权，以及自由选择职业、获得公平和良好工作条件、获得失业保护、同工同酬以及获得公平优裕报酬的权利。这种表述与《经济、社会及文化权利国际公约》和其他人权文件的分

40　CEDAW Committee, General Recommendation No.13: Equal remuneration for work of equal value, 8th Session, 1989, A/44/38.

类都不一致。

2006 年通过的《残疾人权利公约》第 27 条以"工作和就业"作为标题，其第 1 款规定："缔约国确认残疾人在与其他人平等的基础上享有工作权，包括有机会在开放、具有包容性和对残疾人不构成障碍的劳动力市场和工作环境中，为谋生自由选择或接受工作的权利。"紧接着，第 1 款指出"为保障和促进工作权的实现，包括在就业期间致残者的工作权的实现，缔约国应当采取适当步骤，包括通过立法"，保证以下权利内容：禁止歧视，公平良好的工作条件，工会权利，职业服务和就业培训权利，创业和自由职业的权利等。这一条的内容比较丰富，几乎涵盖了前述几大人权文件所指出的工作权的所有相关内容，对各项次权利的表述也比较细致。这应该与《残疾人权利公约》是较新的公约有关，当时关于工作权的法理学已经较前述几个公约通过时有了更新的发展。从文本表述来看，工作权应该指的是包括了获得就业、良好工作条件、工会权利在内的广义上的工作权。遗憾的是，《残疾人权利公约》的监督委员会建立的时间也比较短，迄今为止公布了七个一般性意见，其中并没有关于残疾人工作权的专门解释。[41]

（三）地区性人权文件中的概念

与国际层面的标准规定相比，地区性文件规定了更为清楚和确定的工作权概念。可能的原因是，相关地区性文件比国际公约制定得更晚，且更

---

[41]　联合国人权条约机制：http://www.ohchr.org/EN/HRBodies/CRPD/Pages/GC.aspx，访问日期：2020 年 11 月 1 日。

易于在地区层面达成一致。

在欧洲，工作权的概念与《经济、社会及文化权利国际公约》的规定相似。在 1996 年修订的《欧洲社会宪章》中，第 1～6 条均是与工作相关的权利，其中第 1 条的标题为"工作权"。值得注意的是，条文采用了"义务进路"而非"权利进路"。[42] 在《欧洲社会宪章》第 1 条的四款中，第 1 款要求国家追求全面就业、保护劳动者自由选择职业以谋生的权利、提供自由就业服务、提供或促进职业指导和培训。根据该宪章本身的措辞以及欧洲社会权利委员会 [43] 的解释，《欧洲社会宪章》第 1 条的工作权包括了改善工作机会的就业政策的四个主要方面，即全面就业、自由选择职业、中介帮助免费就业以及职业指导、培训和康复。[44] 虽然该宪章第 1 条没有明确规定平等机会和非歧视，但委员会在其第一轮监督中指出，"劳动者有以自由选择的职业谋生的权利"，包括就业实践中免于强迫劳动和被歧视的保护。[45] 并且，如果将 1996 年修订后的《欧洲社会宪章》第 E 条（非歧视条款）和第 20 条（规定了就业中的平等机会权和平等待遇权，不受基于性别的歧视）配合着看，工作权中的非歧视就能从这三个条文推出，其

---

[42] European Social Charter, Art.1: With a view to ensuring the effective exercise of the right to work, the Contracting Parties undertake: 1. to accept as one of their primary aims and responsibilities the achievement and maintenance of as high and stable a level of employment as possible, with a view to the attainment of full employment; 2. to protect effectively the right of the worker to earn his living in an occupation freely entered upon; 3. to establish or maintain free employment services for all workers; 4. to provide or promote appropriate vocational guidance, training and rehabilitation.

[43] The European Committee of Social Rights was before 1998 called the Committee of Independent Experts.

[44] Samuel L., *Fundamental Social Rights: Case-law of the European Social Charter*, 2nd edition, Strasbourg: Council of Europe Publishing, 2002, p.13.

[45] Samuel L., *Fundamental Social Rights: Case-law of the European Social Charter*, 2nd edition, Strasbourg: Council of Europe Publishing, 2002, p.14.

实，平等机会和非歧视早已被认为是适用于所有人权的基本原则。通过上述文本分析可以看出，《欧洲社会宪章》第 1 条的工作权与《经济、社会及文化权利国际公约》第 6 条的工作权含义基本一致，属于狭义的工作权。

在 1988 年通过的《美洲人权公约关于经济、社会及文化权利的补充议定书》(《圣萨尔瓦多议定书》) 中，第 6 条的标题也是"工作权"，条文采用了与《经济、社会及文化权利国际公约》类似的结构，并且进一步赋予了限定条件。清楚表明工作权应包括"保证享有获取尊严、体面的生存的机会"、自由选择工作、全面就业以及职业指导和培训。该规定还关注到了残疾人和妇女，因此也涉及了平等机会和非歧视的部分。

在 1981 年通过的《非洲人权和民族权宪章》中，第 15 条规定了所有个人都享有"在公平、合适的工作条件下的工作权，并且应当同工同酬"。除了不歧视原则外，这里的工作权也包括了公平和良好工作条件等方面，属于广义上的工作权。

(四) 评论

从以上学术文献和国际人权文件规定的工作权的概念来看，彼此并不一致，比较多样化。总的来说，工作权都在广义或狭义上被使用，但是文献和各个公约对广义和狭义各自包含了哪些内容的解释是不太一样的。不过有一点很确定：所有关于工作权的解释里并没有明确区分所谓的正规就业和非正规就业，所以工作权同样适用于非正规经济中的就业，例如，家庭雇工或者自由职业者。这对于从人权角度审视我国现行的《劳动法》是有意义的。我国以及很多国家的劳动法专注于保护正规就业，即由法律认可的劳动关系，而忽视对已经占大多数的非正规就业群体的权利保护。从语言学的角度来看，"非正规"一词的使用就意味着法律的有意排斥，并拒绝面对已经改变的现实。"非正规就业"构成了一种"话语"，使得人们认为这类就业缺少权利保护的状态是本应如此，因为它们是"非正规"的。

此外，以上学理和文本解释的共同特点是缺少对工作权中非薪酬就业部分内容的发掘和探讨，这使得工作权概念在面对人工智能替代人类劳动这样的新课题时显得措手不及。现代科技对人类的挑战在 20 世纪 80 年代的哲学领域被广泛地讨论，而人权法及劳动法领域应该跟进哲学领域的讨论，除了讨论自动化替代人工造成失业这样的具体法律问题，还应探讨诸如主体、权利概念这样更深层次的问题。理论滞后使得关于劳动法与科技的讨论无法突破现有的劳动关系／非劳动关系的"二元论"框架，也就无法应对已经非常普遍的科技带来的就业方式多元化和失业的现实问题，更无法应对未来人工智能大量替代人类工作甚至改变人类自身所产生的问题。

另外，主要由女性承担的无酬家庭照顾劳动也基本上被工作权相关的法理学所忽略。个别研究女性工作权的学者指出："如果工作权对女性有意义的话，应该包括各种各样的工作，而不只是有报酬的工作。"[46] 国际劳工组织发布的《关于家庭工人体面劳动的公约》（第 189 号公约）的前言指出："家务劳动继续被低估其价值并被无视，而家务劳动主要由妇女和女孩承担，其中很多人是移民或属于弱势群体的一员，并因此尤其容易在工作条件和其他人权享有方面遭受歧视。"[47] 不过，该公约的实质性条款仅限于

---

46 Carole Cooper, "Women and the Right to Work", *South African Journal on Human Rights*, 2009, no.25, pp.573–605.

47 The Preamble of the ILO Convention No.189.

保护有酬的家庭照顾劳动，即家庭雇工的权利。[48] 工作权法理学对女性无酬劳动的忽视，对于占世界一半人口的女性群体来说，构成了与人权理念以及人权体系对平等不歧视原则的强调的明显的矛盾。

工作权概念缺乏一致性，阻碍了对其规范性内容和相应国家义务的论述。[49] 工作相关权利的规范性发展是不平衡的。虽然有些权利发展成熟，集聚了大量关注，例如，关于工会权利和强迫劳动的研究和判例都非常丰富，但有些权利的研究还非常不够。[50] 在国家层面，就业权利的规范内容如良好工作环境已经阐述得十分细致，因为大量的国家劳动法有相关规定，而且有不少关注经济和社会权利的非政府组织致力于改善工作条件。相反，有些权利的规范性发展比较薄弱。例如，只有很少研究从人权角度深度关注充分就业、就业机遇、自由择业和就业服务等议题。[51] 尽管国际劳工组织对充分就业、就业终止、就业服务和职业培训等制定了详细的

48　Art. 1（b）the term "domestic worker" means any person engaged in domestic work within an employment relationship.

49　Drzewicki K., "The Right to Work and Rights in Work", in Eide A., Krause C. and Rosas A.（eds.）, *Economic, Social and Cultural Rights: a Textbook*, Leiden: Martinus Nijhoff Publishers, 2001, pp.223-243.

50　For example, Leary V. "A Violation Approach to the right to work（labor rights）", in Boven, T.C.van, Flinterman, C. and Westendorp, I.（eds.）, *The Maastricht Guidelines on Violations of Economic, Social and Cultural Rights*, Utrecht: SIM, 1998, pp.113-123.

51　从人权角度研究就业问题的文献较少，例如，Sieghart P., *The Lawful Rights of Mankind*（1986）；Tomes L., *The Right to Work and Social Security*（1967-8）；Van der Ven J., *The Right to Work as a Human Right*（1965）；Van den Berg G. and Guldenmund R., *The Right to Work in East and West*（1985）；Hepple B., *A Right to Work*（1981）；Mayer J., *The Concept of the Right to Work in International Standards and the Legislation of ILO Member States*（1985）；Tomuschat C., *The Right to Work*（1990）；Leary, V., *The Paradox of Workers' Rights as Human Rights*（1996）.

标准，[52] 但从人权视角去研究这些议题将为这些劳动标准的实施提供更多支持。对工作权及其规范性内容的阐明有利于人权标准和国际劳工标准的结合。

当然，工作权和工作中权利之间绝对的、泾渭分明的区分并不必要，也不现实，因为所有人权，尤其是工作权，都是相互交织、不可分割的。正如德茨维凯的分类，工会权利既可以是帮助实现工作机会的工具性权利，也可以是公平、良好的工作条件权。此外，如果工作条件达不到公平良好，那么工作权就无法全面实现，因为对"工作"有一个最低的质量要求。经社文委员会《第18号一般性建议》明确指出，《经济、社会及文化权利国际公约》的第6、7、8条是相互依存的，"体面工作"的规定要求工作权尊重劳动者的基本权利。[53]

工作权概念缺乏一致性的另一个后果是，可能会让人产生误解，认为工作权仅限于那些受到高度关注的部分（如强迫劳动），而认为其他方面不那么重要或实际。这也可能误导政府在承担其国家义务时有失偏颇。一个典型的例子就是获得就业的权利，其很重要的一个维度就是国家促进充分就业的义务。但在国际政治实践中，充分就业的政府政策更多地被视为经济议题，而非人权议题。国际监督机构也很少去审查一国政府是否尽到了促进充分就业的义务，尽管这对宏观层面帮助个人享有工作权至关重要。由于此种监督需要很多信息和专业科学的方法，因而从操作角度看也

52　For example, ILO Conventions No.122（Employment Policy Convention，1964）and its accompanying Recommendation，No.168（Employment Promotion and Protection against Unemployment Convention，1988）.

53　CESCR Committee，General Comment No.18，para.8.

比较困难，但并非不可能。国家在考量经济政策和人权义务的平衡时，应当更加审慎，对此国际人权机构应该更多地加以关注。

二、工作的概念

在阐明工作权到底由什么组成之前，一个需要回答的基本问题是：在国际人权法的视角下，到底什么是工作？前文已经指出《经济、社会及文化权利国际公约》和其他人权文件并没有提供工作的定义，只是指出了工作可能包含的因素，例如，带来报酬的就业。

从哲学角度看，工作可以有不同的层次和类型。工作被视为"人的境况的本质部分"[54]。黑格尔（Georg Wilhelm Friedrich Hegel）、卡尔·马克思（Karl Heinrich Marx）、基尔克果（Soren Aabye Kierkegaard）、尼采（Friedrich Wilhelm Nietzsche）等都对劳动做了论述与反思。[55]汉娜·阿伦特（Hannah Arendt）在《人的境况》中将"根本性的人类活动"分成三种：劳动、工作和行动，并对这三种人类活动分别作了分析。[56]

从人权法的角度看，工作是生存收入的基本来源。因此，它也是"维持个人尊严和自尊密不可分的要素"[57]。而且工作，特别是就业，有着社会目的。工作场所也是与人交往、建立社会关系的地方。不同的工作类型可

---

[54] Sieghart P., *The Lawful Rights of Mankind*, Oxford, New York：Oxford University Press, 1985.

[55] 卡尔·洛维特：《从黑格尔到尼采：19世纪思维中的革命性决裂》，李秋零译，生活·读书·新知三联书店，2006，第355–390页。

[56] 汉娜·阿伦特：《人的境况》，王寅丽译，上海人民出版社，2009，第7页。

[57] Craven M.C.R., *The International Covenant on Economic, Social, and Cultural Rights：A Perspective on its Development*, Oxford：Clarendon Press, Oxford University Press, 1995, p.194.

能会给劳动者及其家人带来不同的社会地位。[58]

在国际劳工组织通过的《关于促进就业和失业保护的公约》(第 168 号公约)的前言中,有关于工作重要性和就业成果的全面表述:"……不仅仅是因为工作给社群带来了资源,也因为工作给劳动者带来了收入,赋予了劳动者社会角色,并让劳动者从工作中获得尊严。"总之,工作兼具经济功能和社会功能。正如经社文委员会所言,工作促进了"个人及其家庭的生存",促进了"个人在社群内的发展和认可"。[59]

根据《经济、社会及文化权利国际公约》第 6 条的措辞,工作权"包括人人有机会通过工作谋生的权利"。"谋生的权利"实际上就是指有收入的就业。"包括"一词表明,工作权的概念并不限于就业权。"工作"这个术语所指的,既包括带来收入的工作,也包括不带来收入的工作。因此,此处的"工作"涵盖了所有形式的工作,包括独立性工作和工资依赖性工作。[60]前文已经分析指出,工作权中的"工作"显然包括所谓的"非正规"就业以及主要由女性承担的无酬家庭照顾劳动。

此外,《经济、社会及文化权利国际公约》第 6 条还指明了工作概念涵盖的一些要素。

第一,主要因经济目的而工作的劳动者应该能通过工作"谋生"。因此,一个有工作并以此谋生但是无法维持基本生活水平的人,不应该被视为已经享有工作权。《美洲人权公约关于经济、社会及文化权利的补充议

58　Covington R.N. and Decker K. H., *Employment Law in a Nutshell*, 2nd ed., St. Paul: West Group, 2002, pp.3-4.

59　CESCR Committee, General Comment No.18, para.1.

60　CESCR Committee, General Comment No.18, para.6.

定书》中也规定了这一要素，其对工作权的定义包括享有"获取尊严、体面生存"的机会。

第二，个人必须依据自由意志来选择工作。经社文委员会《第18号一般性建议》指出，"个人选择工作的自由表现了对个人及其尊严的尊重"。因此，即使是有酬的奴役和强迫劳动也不能被视为享有工作权。经社文委员会在建议中还确认，"《经济、社会及文化权利国际公约》第6条所规定的工作必须是体面的工作"。[61] 这意味着，劳动者的基本权利包括了在就业中尊重其身体和心理的完整性，以及《经济、社会及文化权利国际公约》第7条规定的关于工作条件和报酬的权利。[62]

第三，什么样的人类活动可以被称为"工作"也是需要深入讨论的。这是否依赖于个人的主观判断？是否存在判断工作"真实""体面""与人类尊严相符"或"合法"的客观标准？如果应该由客观标准来确定，那么这种标准应当在国际层面设定还是由国内法来设定？例如，根据《经济、社会及文化权利国际公约》的定义，在非营利组织无收入的志愿工作可以被视作"工作"，对此论断似乎不该有什么争议。然而，有些情况则不那么明显。例如，有人将无收入或不作为谋生手段的写作或绘画当作工作，而有的人可能只是把这些活动当作爱好。当工作不产生收入时，从权利角度探讨这个问题在很长一段时间内似乎只有纯粹的理论意义，因为它极少涉及国家要承担的义务（除了不干涉的义务以外），但是在人工智能可能对人类工作产生替代时，这个问题越来越具有实际意义，对此下文会进一

61　CESCR Committee，General Comment No.18，para.6.

62　CESCR Committee，General Comment No.18，para.7.

步论述。

与此同时，当存在违法或违反道德标准的经济活动时，相关的问题就比较有实际意义了。例如，靠卖淫谋生的人可能会被视为通过工作或就业而谋生，如其作为"性工作者"存在。在卖淫合法化的问题上，各国做法不一。在现行国际人权法下，国家拥有一定的自由裁量权来决定"性工作"是不是合法工作以及如何保护与其相关的权利。

另外，还有一些性质特别的"工作"也值得讨论。例如，在联合国人权事务委员会受理的万肯汉姆诉法国（Wackenheim v. France）申诉案中，法国地方政府禁止了一种名为"侏儒投掷"的游戏，理由是该活动在本质上有损人类尊严，扰乱了社会秩序。[63] 此游戏要求申诉人穿上护具被俱乐部顾客当球一样投掷。该禁令造成的结果是，患有侏儒症的申诉人丢掉了据称"唯一能找到且愿意接受的工作"。联合国人权事务委员会审理案件后认为不存在违反《公民及政治权利国际公约》第26条反歧视条款的情形。由于管辖权所限，联合国人权事务委员会只能就该公约保护的权利进行审理，而无法深入考查与工作权相关的问题，因为该公约并不保护工作权本身。因此，联合国人权事务委员会不能审理万肯汉姆由于其职业特性而失业的问题，即该案中申诉人的工作权是否受到侵犯的问题。但是该案揭示了值得探讨的在现实生活中存在的问题：究竟何为"体面工作"？个人在决定如何享有其工作权时究竟有多少自主权？工作权包括的自由择业权究竟有多自由？如果这样的职业依据《经济、社会及文化权利国际公约》第6条可以被视作"工作"，那么是否保护公共利益和个人权利之间

---

[63] HRC, Communication No. 845/1999: Wackenheim v. France, views of 15 July 2000.

的良好平衡被打破了？法国政府的禁令是否违反了尊重、不干扰工作权的义务，还是个未决的问题。类似"侏儒投掷"之类造成伦理困境的工作可能还有不少。在这些灰色地带，国际人权法通过赋予国家广泛的自由裁量权回避了对此类问题的直接回答，但是对于国家来说，这些问题并没有消失，如何从人权角度解决这些难题仍然是非常现实的。

值得强调的是，以上分析的"工作"应该具备的要素是工作概念的最低标准，而非最高标准。《经济、社会及文化权利国际公约》的准备文件指出，工作权意味着"人人有权从事自由选择的工作，并从中得到生活的意义"[64]。正如国际劳工组织发布的《就业政策公约》（第122号公约）所言，对工作中人类尊严更高的标准要求工作的类型应当与每一个劳动者的"技能和天赋"相适应。[65]然而，现实中不可避免的是，这种要求需要大量的资金和对劳动力市场的掌控，这在当今世界的发展阶段是不现实的。因此，这是一个长期目标，应当积极地推进，不可能在短时期内实现。[66]

三、工作权的概念

经社文委员会《第18号一般性建议》指出，《经济、社会及文化权利国际公约》第6条"宣告了一般意义上的工作权"，并"以一般的、非穷

64　Craven M.C.R., *The International Covenant on Economic*, *Social*, *and Cultural Rights*：*A Perspective on its Development*, Oxford：Clarendon Press, Oxford University Press, 1995, p.197.

65　ILO No.122 Convention, Article 1 para.2（c）.

66　Craven M.C.R., *The International Covenant on Economic*, *Social*, *and Cultural Rights*：*A Perspective on its Development*, Oxford：Clarendon Press, Oxford University Press, 1995, p.204.

尽式的方式给出了工作权的定义"。[67] 并且，在第 7 条规定了个人维度的工作权，在第 8 条规定了集体维度的工作权。换言之，《经济、社会及文化权利国际公约》第 6 条文本并没有穷尽工作权的所有方面。这就为探寻工作权概念及规范内容提供了空间。

工作权意味着每一个愿意工作、能够工作的人都有权利享有工作。但是，这并不意味着国家应该为每一个人都提供或保证一份工作。[68] 这也不意味着，没有工作的求职者就一定被侵犯了工作权。正如经社文委员会所言，"工作权不应被理解为获得就业的绝对的、无条件的权利"[69]。相反，工作权意味着人人都享有进入劳动力市场，并在劳动力市场获得就业的机会，它包含了两个部分：第一部分，不得任意剥夺个人在一国劳动力市场求职的权利。第二部分，劳动力市场应该为求职者提供充分的职位。换言之，对劳动力市场有着"数量"的要求。第一部分要求不被干扰和不被歧视。第二部分要求国家采取行动以促进充分就业。

拥有权利意味着有权享有权利的实质内容，而并非一定意味着对权利实质内容的实现。因此，如果一个人因其玩忽职守或经济问题而失业，即使他当下没有工作，他可能仍然享有工作权。

关于经济、社会和文化权利，尤其是包含在其中的工作权，应该强调个人积极的、动态的角色。正如库尼曼（Künnemann）所言，将食物权表述为

67　CESCR Committee, General Comment No.18, para.2.

68　This conclusion can be drawn from the wording of Article 6 in itself, the travaux preparatoires, and opinions of commentators. Craven M.C.R., *The International Covenant on Economic, Social, and Cultural Rights: A Perspective on its Development*, Oxford: Clarendon Press, Oxford University Press, 1995, p.203.

69　CESCR Committee, General Comment No.18, para.6.

"自我喂养权"会更好。因为大部分人会通过就业或其他方式来获取食物，而不是依赖施舍。[70]类似地，当住房权被误解为有权享有国家提供的住房时，联合国人权理事会极度贫困问题特别报告员的权威人权学者菲利普·阿尔斯通（Philip Alston）在回应中强调："住房权不是国家提供住房的问题，而是指国家有义务提供促进实现住房权的条件、政策和项目。这些政策很少会要求政府提供资金，但常会要求政府停止对中上层阶级的保护。"[71]

根据这种观点，个人获取工作或就业更好的方法就是自己去找工作，而不是由国家来提供工作。国家承担的义务是创造提供工作的条件，帮助求职者获取、维持工作。

为了真正拥有工作（即找到并保持工作），个人就应当享有这么做的资格、机会以及自由。值得注意的是，指出工作权的这三个方面是为了促进对工作权规范性内容的理解，这三个方面绝不是穷尽、互斥的。

（一）资格

"资格"意味着人人都有资格工作。它首先意味着不得剥夺个人在劳动力市场各个部门求职的权利。[72]在关于移徙工人、外国人、工会成员、

---

[70]　Künnemann R.，*"The Right to Adequate Food：Violations Related to its Minimum Core Content"*，in Chapman & Russell（eds.），*Core Obligations：Building a Framework for Economic，Social and Cultural Rights*，Antwerp：Intersentia，2002，pp.161–183.

[71]　UN Doc.E/C.12/1995/SR. 22，para.39. also Magdalera Sepúlveda，*The Nature of the Obligations under the International Covenant on Economic，Social and Cultural Rights*，Antwerp-Oxford：Intersentia，2003，p.8.

[72]　CESCR Committee，General Comment No.18，para.4.

少数族裔在公共部门求职[73]的一些国际人权法案例中，"资格"经常与歧视问题有关。正如《第18号一般性建议》所声明的，"劳动力市场必须向缔约国管辖区域内的所有人开放"[74]。人人都应享有获得就业的平等机会，包括自主创业。[75]

工作的资格也意味着有资格保持工作或就业，因此就包含了就业安全或就业保障权。尽管《经济、社会及文化权利国际公约》第6条没有特别提到此权利，但可以从就业权中推导出来。因为人们只有在获得就业后仍能继续保持就业状态才能享有工作权。正如克雷文提到的，"没有防止任意解雇的基本保证，工作权就没意义了"[76]。国际劳工组织专家委员会也指出，"就业安全是工作权的基本方面"[77]。

（二）机会

只有劳动力市场有足够的职位时，求职者才有机会找到工作。换言之，对劳动力市场有着"数量"的要求。它包括国家有义务采取有效政策以实现全面且富有成效的就业。

另外，"机会"也表明，求职者应该有足够的机会获取工作信息，拥

---

[73] 例如，联邦德国关于考察公务员对国家宪法的忠诚度的相关程序。参见 Report of the Commission of Inquiry appointed under article 26 of the Constitution of the ILO to examine the observance of the Discrimination（Employment and Occupation）Convention，1958（No.111），by the Federal Republic of Germany，*ILO Official Bulletin*，vol. LXX（1987），Series B，pp.245–253.

[74] CESCR Committee，General Comment No.18，para.12（b）.

[75] CESCR Committee，General Comment No.18，para.12（b）.

[76] Craven M.C.R.，*The International Covenant on Economic，Social，and Cultural Rights：A Perspective on its Development*，Oxford：Clarendon Press，Oxford University Press，1995，p.221.

[77] ILO：Report of the Committee of Experts，Protection against Unjustified Dismissal，1995，pp.136–137.

有工作所需的能力或技能。国家相应地就应提供就业服务来促进工作信息的获取。在《第 18 号一般性建议》中，经社文委员会将工作权的这个维度称为"可获得性"，并要求"缔约国必须提供专门的服务来帮助和支持个人找到可能的工作"。[78] 为了获得就业能力，人们应当得到一定的教育和职业培训。就业能力在出现严重的结构性失业，即空缺职位和所需人才不对等时尤为重要。

（三）自由

在工作的资格和机会之外，对工作还有着"质量"的要求，这包含了一定的自由，特别是选择自由和免于被剥削工作条件的自由。在《第 18 号一般性建议》中，经社文委员会将这个维度称为"可接受性和质量"，包括劳动者有权获得公平和良好的工作条件，尤其是安全的工作条件，组建工会和自由选择工作。[79] 如前所述，工作权有质量的维度，但对质量的范围并没有明确界定。前文指出的工作权上限可以包括匹配个人劳动者技能等，但是并不限于此。人权的上限提供了美好的奋斗目标，但当讨论国家对人权的保护时，阐明权利的最低限度是更现实、更迫切的。《第 18 号一般性建议》所建议的工作权质量方面的下限主要是指《经济、社会及文化权利国际公约》第 7 条所规定的"公平和良好的工作条件"。在今天，这一条对"非正规就业"的人群尤为重要。

《经济、社会及文化权利国际公约》明确指出自由选择权是工作权的

78　CESCR Committee, General Comment No.18, para.12（a）.

79　CESCR Committee, General Comment No.18, para.12（c）.

重要内容。正如《经济、社会及文化权利国际公约》第 6 条所表述的，人人有权"自由选择和接受"职业，并以此谋生。

首先，自由选择就业包括不工作的权利。正如上文所提及的，这暗含了免于强迫劳动、奴役以及其他形式强迫的自由。

其次，自由选择可能意味着在强制的经济压力之下从事了某项工作却仍然没能享有工作权。当工作条件不人道或极端恶劣时，即使是自愿接受工作也不意味着是自由选择。在经济压力下绝望地接受此类工作的人，必然是毫无选择的。因此，只有当薪资和工作环境达到了一定水平后，才是真正意义上享有工作权中的自由选择。[80]

最后，自由选择既包括有关工作自由的方面，也包括选择职业、[81] 工作场所，[82] 以及与自身技能相符合的工作方面。[83] 当然，绝对的个人选择和劳动力市场有限的就业机会之间存在长期的张力，认识到这一点是重要的。因此，在当前阶段，实现工作权的现实路径就是要求国家提供充分且有效的职业培训、指导和配置服务，帮助劳动者找到与其期待和能力相匹配的工作。[84] 除此以外，失业时基本的保护也是帮助求职者能在劳动力市场自

80　Alfredsson G. and Eide A.（eds.），*The Universal Declaration of Human Rights：A Common Standards of Achievement*，Amsterdam：Kluwer Law International，1999，p.489.

81　例如，《欧洲社会宪章》第 1 条第 2 款规定工人有权以"一份其自由选择的职业"谋生。

82　Drzewicki K.，"The Right to Work and Rights"，in Work in Eide A.，Krause C. and Rosas A.（eds.），*Economic，Social and Cultural Rights：a Textbook*，Leiden：Martinus Nijhoff Publishers，2001，p.178.

83　Craven M.C.R.，*The International Covenant on Economic，Social，and Cultural Rights：A Perspective on its Development*，Oxford：Clarendon Press，Oxford University Press，1995，p.217.

84　Craven M.C.R.，*The International Covenant on Economic，Social，and Cultural Rights：A Perspective on its Development*，Oxford：Clarendon Press，Oxford University Press，1995，p.218. also Report of the ILO Director-General，"Human Rights-A Common Responsibility"，1987，lnt. Lab. Conf. 75th Session，p.33.

由择业的必要前提。失业保护要求国家促进全面就业并提供必需的社会保险或救助。

（四）工作权的可行定义：狭义的工作权和广义的工作权

根据上述分析，我们可以分别从狭义和广义的角度来理解工作权。

狭义的工作权主要指《经济、社会及文化权利国际公约》第 6 条的内容，即个人有权获得工作、自由选择工作并保持工作的权利。通常包含以下因素：获得就业的权利（劳动力市场上有足够的就业岗位，国家促进充分就业）；平等就业的权利（不受就业歧视的自由）；自由择业的权利（不受强迫劳动的自由以及可以自由地离职和转换职业）；获得就业服务和就业培训的权利；获得就业保障的权利（不受任意解雇的自由以及享有稳定的就业）。

需要强调的是，这五个方面并没有穷尽狭义工作权的全部内容。它们的关系也并不是相互独立的，而是相互依存、相互交织的。例如，平等就业的权利就与其他四个部分相互交织，充分就业不仅是数量的要求，还包括国家有义务发展就业服务和职业培训等内容，就业保障则要求通过职业培训提高就业能力。

另外，工作权并不仅限于就业权，工作是一个大于就业的概念，只是非就业的部分并没有被充分的阐释，而阐释非就业部分的工作权正是未来最具挑战性的，也是亟待研究的部分。

广义上的工作权还包括《经济、社会及文化权利国际公约》第 7 条和第 8 条的内容，即公平和良好的工作条件以及工会权利。这里面也有很多问题未进行充分研究，例如，无酬的家庭照顾劳动的价值如何在法律里得到体现？同工同酬是不是也应该计入女性的家庭照顾劳动？机器人是否也应该享有良好的工作条件？这些未决议题也与下文中要讨论的工作权概念所面临的挑战相关。

第三节　女性主义视野下的工作权概念：批判与重构

虽然从广义或狭义的角度给工作权概念划分一个大致的范围并指出其主要内容是可行的，但是从性别的角度来看，工作权概念和相关法理学并未充分揭示女性没能平等享有工作权的根源并提出相应的解决方案。例如，更多由女性承担的无酬家庭照顾劳动的价值如何在法律里得到体现？同工同酬的概念是否需要更新，报酬需要体现市场需求还是工作价值本身？为什么女性更难获得晋升？职场空间（环境）是如何对不同性别产生差别影响的？

性别平等本质上是一个权力问题。女性主义法学的一个出发点即认为法律并非性别中立，而是反映了不同性别之间的权力关系。而法律反过来也会产生和塑造性别。父权思想影响下的法律体系不利于性别平等和女性的权利保障。这一点也反映在国际法层面。

具有讽刺意味的是，在以平等不歧视为核心原则的国际人权法体系中，性别平等和妇女权利在1948年《世界人权宣言》通过后的三十多年里并没有得到重视。[85] 例如，联合国通过的第一个和性别平等有关的公约是 1952 年的《妇女政治权利公约》，内容只限于保护妇女的选举权、被选举权和担任公职的权利。而事实上，就连这有限的权利也有很多国家并不给予保护。例如，瑞士的妇女在 1971 年才获得选举权，而列支敦士登的妇女则是在 1984 年才在一次只有男性参加的所谓的"全民公决"中获得了选举权。[86] 这种情况在 20 世纪六七十年代第二波女权主义运动的影响下才有所好转，并在 1979 年通过了保护工作权性别平等原则的一个重要公约——《消除对妇女一切形式歧视公约》。20 世纪 80 年代以后妇女权利受到越来越多的重视，但发展到今天，国际人权法仍然在很多方面体现了父权思想的影响。即便《消除对妇女一切形式歧视公约》的出现本身已经是一个巨大的进步，但这种进步仍然是有限的，在立约过程中遇到了很多阻碍，以至于很多关键的性别议题被回避了。例如，家庭和工作场所的性别暴力，家庭照顾劳动的经济价值等议题就没有出现在公约文本中。虽然后续公约的监督委员会通过建议书的形式在一定程度上回应了其中一些问题，但未能改变有广泛影响力的更为主流的国际人权法律文件的情况。著名学者玛莎·努斯鲍姆（Martha C. Nussbaum）就指出："主流国际人权法文件仍然从男性的关切出发，以一种低估女性价值的视角，挑选出那些他们认为真正严重的（人权）罪行。"[87]

---

[85]　Hurst Hannum, *Rescuing Human Rights：A Radically Moderate Approach*, Cambridge：Cambridge University Press, 2019, p.81.

[86]　Hurst Hannum, *Rescuing Human Rights：A Radically Moderate Approach*, Cambridge：Cambridge University Press, 2019, p.81.

[87]　Martha C. Nussbaum, "Women's Progress and Women's Human Rights", *Human Rights Quarterly*, vol.38, 2016, pp.589-622.

　　主流（或传统）的工作权理论在涉及性别平等的时候主要关注女性如何在就业市场上获得平等机会、避免性别的职业隔离、同工同酬、提供产假等，也注意到了女性更多地集中在低报酬、条件差的非正规经济领域。这些进步有着明显的自由主义女性主义以及些许社会主义女性主义思想影响的痕迹。[88]但是，这样的理解仍然是基于公与私、工作与家庭分明的"二元"制度框架，并没能真正突破父权思想指导下建立的"公共的市场才是有价值的，私人的家庭是没有或低价值的"这样一种"二元"思维，也无法消除女性在享有工作权方面的根本障碍，忽视了女性个人的整体处境实际上是不可能将工作和家庭做清楚的切割的。而女性主义理论发展到今天，已经产生从自由主义到后现代女性主义等非常多的流派和分支，为各学科都提供了丰富的理论资源。但是女性主义理论并没有能够充分影响到国际人权法及其理论的发展。

　　主流工作权理论缺乏女性主义视角可能主要有两个原因：一是主流工作权理论主要基于对《经济、社会及文化权利国际公约》第 6～8 条的解释，并没有充分参考专门保护妇女权利的《消除对妇女一切形式歧视公约》。而后者体现了更多的女性主义理念，例如，有意识地忽略了公共与私人生活的区别，并且强调社会文化模式对妇女平等享有权利的影响，扩展了国家义务的范围。[89]可见，《消除对妇女一切形式歧视公约》作为一个专门针对妇女权利的公约本身有一定的边缘性，影响力不够。在国际人权法领域内部尚且如此，毋宁说超越不同学科之间的相互影响和借鉴了。二

88　李银河：《女性主义》，上海文化出版社，2018，第79-98页。

89　Hurst Hannum, *Rescuing Human Rights: A Radically Moderate Approach*, Cambridge University Press, 2019, p. 81.

是研究工作权的学者多为男性（人权学者男性居多），大多对女性主义理论并不关心。从立场认识论的角度来看，国际人权法标准及其理论也是一种知识生产，当知识生产者主要为男性时，国际人权法主要反映男性立场和经验也就不难理解了。[90] 而女性主义理论在法学和其他领域都处于边缘地位，并且女性主义内部学派林立，彼此之间争论不休，而与主流的对话却很少，这也导致主流学派的人没有足够机会了解女性主义理论的各种观点。[91]

20 世纪 70 年代在西方国家开始的自由主义女性主义强调形式平等，主要着眼于女性要求和男性一样的就业机会和同工同酬，寻求"经济正义"。[92] 这一点在今天仍然有意义，并未过时。晚些时候出现的文化女性主义解构了家庭与工作的冲突，分析职场母亲遭遇的歧视，例如，怀孕求职被拒，拒绝母亲请假，不让母亲升职甚至解雇职场母亲等"母职惩罚"现象，在当时的美国引发了很多"家庭责任"之诉。[93] 宰制女性主义（male dominance，也有使用"支配女性主义"或"激进女性主义"的表述）则发

90　凯瑟琳·奥克鲁利克:《科学的女性主义解释》，载章梅芳、刘兵编《性别与科学读本》，上海交通大学出版社，2008，第 58 页。

91　少数涉及女性主义与人权关系的论文如: Gayle Binion, "Human Rights: A Feminist Perspective", *Human Rights Quarterly*, 1995, 17, pp.509-526; Hilary Charlesworth, "Not Waving but Drowning: Gender Mainstreaming and Human Rights in the United Nations", *Harvard Human Rights Journal*, vol.18, 2005, pp.1-18; Karen Engle, "International Human Rights and Feminism: When Discourses Meet", *Michigan Journal of International Law*, vol.13, 1992, pp.517-599.

92　Martha Chamallas:《以过往为序——新旧女性主义及其法律影响》，王新宇译，《妇女研究论丛》2014 年第 1 期，第 78-87 页。

93　Martha Chamallas:《以过往为序——新旧女性主义及其法律影响》，王新宇译，《妇女研究论丛》2014 年第 1 期，第 78-87 页。

展出了性骚扰理论，使得在今天职场性骚扰已经普遍被各国法律所禁止。[94]而后现代女性主义或后结构女性主义则对主流的本质主义性别"二元论"发出挑战，反对性别刻板印象，例如，女性在职场的装扮就应该符合所谓"女性气质"等。这些理论都有助于对主流工作权法理学进行分析与反思。

因此，本章试图借助女性主义各个分支的理论框架，分析主流工作权理论的性别盲区，并提出国际人权法标准应做相应的更新以弥补上述缺陷的建议。下文从女性主义视角出发，主要对以下几个主流工作权概念的性别盲区进行批判，并在此基础上重构工作权的概念和国际法标准：被忽视的无酬家庭照顾劳动；市场对有酬家庭照顾劳动的价值低估；女性在就业中面临的刻板印象与资源不平等；法律、性别与职场空间的关系（包括职场暴力和骚扰）。

一、盲区一：被忽视的无酬家庭照顾劳动

主要由女性承担的无酬家庭照顾劳动基本上被工作权的主流法理学所忽略。这主要体现在两个方面：一是女性在自己家庭中承担的家庭照顾劳动的经济价值和社会价值得不到承认，被排除在工作权概念之外；二是工作权主流法理学忽视了无酬家庭照顾劳动对女性充分享有有酬就业权利的负面影响。

主流工作权理论关注女性的就业平等机会，但是女性进入就业市场本

---

94 玛莎·查玛亚斯：《女性主义法律理论与侵权法》，载辛西娅·格兰特·鲍曼、於兴中主编《女性主义法学——美国和亚洲跨太平洋对话》，中国民主法制出版社，2018。

身并不会自动改变无酬家庭照顾劳动的性别分工。全球普遍的现象是女性在获得就业机会后，仍然在家庭承担了比男性更多的家庭照顾劳动。国内国外的统计数据都证明了这一点。[95] 例如，2012 年的一个数据统计结果显示，我国女性为无酬家庭照顾付出的时间是男性的 2.6 倍，且不考虑男女从事的家庭照顾劳动的质量。在已婚人口中，女性付出的时间更多。在农村，这种性别差距比城市更大。[96] 如果把家务和市场劳动加起来，女性每周的工作时间是 55 个小时，而男性是 44 个小时。但是，家庭内部的劳动不被主流经济学计入价值体系。例如，国内生产总值（GDP）这一主流经济学概念就不包括上述家庭照顾劳动。

女性主义理论指出这种忽略的源头来自父权思想主导下的社会性别分工，以及将公共和私人生活做清晰划分的"二元论"。在女性已经普遍参与社会劳动的现代社会，女性与男性相比仍然更多地承担了家庭照顾工作，这样的分工除了受历史和传统分工的影响，也是性别刻板印象的结果，例如，"女性天生适合做照顾工作，就该从事家务劳动（即便女性同时也承担社会劳动）"等观念。努斯鲍姆把这种"二元"划分归因于西方的自由主义政治哲学，虽然其他国家的传统中也不缺少这样的二分法。[97] 在这样的"二元"结构下，从事更长时间劳动的女性却被认为其经济社会贡献小于男性，因而得到更少的经济回报，在离婚、财产分配方面也处于

95　ILO：Care Work and Care Jobs for the Future of Decent Work, International Labour Office, Geneva, 2018. 该报告指出女性承担了 76.2% 的无酬照顾工作，所花时间比男性多 3.2 倍；女性每天的平均工作时间（7 小时 28 分钟）长于男性（6 小时 44 分钟）。

96　Dong Xiaoyuan and Xinli An, "*Gender Patterns and Value of Unpaid Work：Findings from China's First Large-Scale Time Use Survey*", UNRISD Research Paper, 2014.

97　Martha C. Nussbaum, "Women's Progress and Women's Human Rights", *Human Rights Quarterly*, vol.38, 2016, pp.589-622.

弱势。而全职从事家庭照顾劳动的女性更是被认为完全没有经济贡献，丈夫才是"养家"或"挣面包"的人。虽然人类已经进入21世纪20年代，但这样的传统观念及其影响下的社会法律制度其实并没有根本性的改变。这样的认知导致女性对经济生活的贡献被远远低估，收入也远低于男性，也大大影响了女性在家庭中的谈判能力和话语权，甚至会减少女性抵抗家庭暴力的能力。[98]

另外一个没有被充分认识到的问题是：女性承担更多的无酬家庭照顾劳动也影响了其在有酬劳动力市场的表现。研究显示，女性贫困的主要根源之一是失业和不充分就业。而失业和不充分就业又主要与女性的家庭照顾和生育密切相关。[99]女性因为承担了过多的无酬家庭照顾劳动而面临"时间贫困"和"精力贫困"，影响了女性在有酬劳动中的时间和精力的投入，减少了女性获得培训的机会，甚至影响了女性的健康状况，导致女性职场表现不如男性。而女性低于男性的职场表现反过来又似乎佐证了女性的工作能力不如男性的本质主义性别观念，从而给性别歧视提供依据。由此形成了布尔迪厄（Bourdieu）所说的社会建构的自然化（或者"自然化的社会构造"）[100]。

此外，当前平台经济的迅猛发展对现有的"二元"结构的劳动法规制模式构成了新的挑战，使得原本就存在的性别平等问题更加凸显。平台经济因为缺乏有效规范，对工作时长和劳动者随时在线提供劳动的要求增

---

98 Martha C. Nussbaum, "Women's Progress and Women's Human Rights", *Human Rights Quarterly*, vol.38, 2016, pp.589–622.

99 Carole Cooper, "Women and the Right to Work", *South African Journal on Human Rights*, 2009, No.25, pp.573–605.

100 皮埃尔·布尔迪厄：《男性统治》，刘晖译，中国人民大学出版社，2017，第5页。

强。虽然平台经济有利于提供新的就业机会，但对于一些有照顾责任的女性而言可能更加不利。这也使得传统劳动法对纠正性别歧视的努力被消解。

有极少的研究女性工作权的学者指出："如果工作权对女性有意义的话，应该包括各种各样的工作，而不只是有报酬的工作。"[101] 但是，在国际人权法层面，对于国内法应该如何对待家庭照顾劳动的价值以促进性别平等并没有形成任何规范或有影响力的法理学。主流工作权法理学对女性无酬劳动的忽视，对于占世界一半人口的女性群体来说，构成了与人权理念以及人权体系对平等不歧视原则的强调的明显矛盾。

当然，在国际法较为边缘的领域，还是有一些将无酬家庭照顾劳动纳入国家规范义务的努力，只是这些尝试都没有对国际人权法产生明显的影响力，因此也没能进入工作权主流理论的视野，没有获得人权"话语"的力量。例如，《消除对妇女一切形式歧视公约》委员会在其1991年发布的一般性建议中试图回应这一问题，指出该公约第11条（就业平等条款）应当解释为要求将女性的家务劳动货币化，并时常予以评估和量化。该委员会还敦促各缔约国支持这一领域的研究，并采取适当步骤，将女性的无酬家务劳动纳入国民生产总值。[102] 国际劳工组织1981年通过的《有家庭责任的男女工人机会和待遇平等公约》（第156号公约）的第3条阐明公约的核心内容是"促成男女工人切实的机会平等和待遇平等，每一成员方均应以此作为其政策的目标，即使就业或希望就业的有家庭负担的人能够行使其就业的权利，而不受任何歧视，并且在可能的范围内不使其就业与

101　皮埃尔·布尔迪厄：《男性统治》，刘晖译，中国人民大学出版社，2017，第5页。

102　CEDAW, Recommendation No.17:《妇女无酬家务劳动的衡量和量化及其在国民生产总值中的承认》，1991.

家庭负担发生抵触"。但该公约从 1981 年通过至今，在国际劳工组织 187
个成员方中只有 45 个国家批准。[103] 这与有 171 个国家批准的《经济、社会
及文化权利国际公约》等主要人权公约的影响力无法比拟。[104]

　　一些女性主义学者和行动者提出了"家务薪资运动"，旨在让人们认
识到家务劳动的经济价值，并以提供社会服务取代家务劳动为最终目标。[105]
例如，社会主义女性主义指出家务劳动的产品如做好的饭菜、洁净的地板
等很快就被直接消费掉了，从未进入市场，因此只具有使用价值而没有交
换价值。而这种无酬的家务劳动成为女性发展受限的物质基础。[106] 提出的
解决方案是使家务劳动变成由公共生产，使其社会化，并认为这是实现女
性解放的前提。著名的女性主义法学家麦金农（MacKinnon）在其《迈向
女性主义的国家理论》一书中也认可"家务工资"运动的吸引力，并指出：
"把女性主义与马克思主义结合起来的尝试，独一无二地揭示了资本主义
条件下劳动的双重本质，劳动是独特的压迫与可能的解放之结合体……"[107]

　　"家务工资"的概念有现实意义，例如，可以体现在社会保障体系和
婚姻家庭法中。因为照顾责任而放弃市场就业的人，无论男女，都可以被
法律认可为劳动者，并从社会保障体系中获得相应的经济待遇。婚姻法也

　　103　ILO：Ratifications of C156-Workers with Family Responsibilities Convention，1981（No.156），
accessed February 5，2020，www.ilo.org/dyn/normlex/en/f?p=1000:11300:0::NO:11300:P11300_
INSTRUMENT_ID:312301.

　　104　联合国人权高级专员办事处：Status of Ratification Interactive Dashboard，https://indicators.
ohchr.org/，访问日期：2021 年 2 月 5 日。

　　105　辛西娅·格兰特·鲍曼：《社会主义女性主义理论》，载辛西娅·格兰特·鲍曼、於兴中
主编《女性主义法学——美国和亚洲跨太平洋对话》，中国民主法制出版社，2018。

　　106　李银河：《女性主义》，上海文化出版社，2018，第 91 页。

　　107　凯瑟琳·麦金农：《迈向女性主义的国家理论》，曲广娣译，中国政法大学出版社，2007，
第 93-114 页。

需认可家庭中照顾者的经济贡献和价值，从而在离婚中的财产分割与监护权分配上考虑这一因素。例如，我国的《民法典》第 1088 条就有类似的规定，但在具体执行中如何量化家务贡献仍然是个难题。

另外，让社会服务完全取代无酬家庭照顾劳动，以此来解决性别不平等的设想未免不切实际。首先，由谁来承担替代家务劳动的社会服务这个问题仍然存在性别不平等的可能性。如果性别不平等的根源没有解决，那么从事这些社会服务的仍然主要是女性，而这些服务虽然进入了公共领域，获得了薪资报酬，但仍将被视为低价值的。这与已经存在的性别行业隔离，即女性更多地集中在低报酬的行业和工种，或者所谓的"非正规就业"，没有本质上的区别，甚至会强化女性和家务劳动这种并没有必然性的联结。对此，女性主义内部也有争论，例如，种族批判女性主义以及交叉女性主义理论就指出，白人中产阶级女性主义不过是把家务劳动转嫁给贫穷的、第三世界的移民女性，并支付剥削性的报酬，并没有解决家庭劳动的平等问题。[108] 而社会主义女性主义理论对此有更系统的分析，指出：父权思想下的社会经济制度把家庭中的照顾工作分配给女性，并将此建构为私人领域的问题。而公共领域的就业体制并不考虑女性过多的家庭负担，迫使职业女性不得不雇佣其他更弱势的女性来为自己承担家务劳动。而这种家庭雇佣的劳动因为被雇佣者的身份低微使其价值又被严重低估。[109] 这是一种性别不平等的恶性循环。

---

[108] 海柔尔·卡比：《白人女性听着！黑人女性主义及姐妹情结的局限》，载伊丽莎白·韦德、何成洲主编《当代美国女性主义经典理论选读》，南京大学出版社，2014。

[109] 辛西娅·格兰特·鲍曼：《社会主义女性主义理论》，载辛西娅·格兰特·鲍曼、於兴中主编《女性主义法学——美国和亚洲跨太平洋对话》，中国民主法制出版社，2018。

其次，家庭照顾劳动，尤其是照顾家庭成员的工作很难被完全社会化。即便养老、托儿等服务可以部分市场化或者由公共机构承担，但照顾中的亲情需求却是社会服务难以满足的，并且监督其他人的有酬家庭照顾工作的任务仍然会主要由女性承担。而这些工作并非本质上只适合女性承担，男性同样可以胜任。另外，未来人工智能的发展也许可以取代部分家庭照顾劳动，但完全取代的前景即便技术上可能，也不会是人类社会可欲的。除非有一天类人机器人已经能拥有与人类相似的情感并提供类似的关心和照顾；而人类也已经发展成"赛博格"那样的人机一体存在物。[110] 但这一天是否会到来目前还无法预料。

目前要解决这一问题，除了需要将无酬家庭照顾劳动纳入工作权概念并以法律的方式得以体现和保护，更加根本性的做法是改变造成这种性别社会分工的社会意识或性别刻板印象，让男性和女性一起平等地承担家庭照顾劳动。

对此，前述国际劳工组织的 2018 年报告提供了一个有参考价值的解决思路，即 3 个 R 的理论：承认（recognize），减少（reduce），再分配（redistribution）。综合以上分析以及国际劳工组织的 3R 理论，工作权概念中的工作应该包含无酬家庭照顾劳动甚至生育本身，并以法律的方式承认其价值，并计入经济数据统计。例如，国家为全职无酬劳动者提供养老金和其他社会保障，雇主给予有家庭责任的员工更灵活的工作安排，国家给

---

110 "赛博格"一词最早由美国国家航空航天局（NASA）的两位科学家提出，指使用了高科技制作的宇航服可以大大增强宇航员的体能。哈拉维从本体论的角度对这个概念作了拓展。多娜·哈啦维：《赛博格宣言：20 世纪晚期的科学、技术和社会主义的女性主义》，载伊丽莎白·韦德、何成洲主编《当代美国女性主义经典理论选读》，南京大学出版社，2014，第 194-232 页。

予雇主相应的员工家庭责任补贴等，都有利于改善无酬照顾劳动的条件，也有利于改变家庭照顾劳动无价值或低价值的观念。其次，通过家庭照顾劳动的社会化帮助女性减少无酬劳动的束缚，或者完善家务劳动补偿制度以减轻对女性的不利影响。而更重要的是，国家应该采取措施促使男性和女性共同承担家庭照顾责任，在家庭内部实现无酬劳动的再分配，并把它作为促进工作权性别平等的国家义务之一，例如，出台男女平等的产假和父母假。只有这样，才能从根本上改变女性在经济和就业方面的不利处境，从而真正实现女性的平等工作权。

二、盲区二：市场对有酬照顾劳动的价值低估

劳动力市场与照顾相关的工作被人为地低估了价值，而主流工作权理论对此几乎没有讨论。国际劳工组织直到 2011 年才通过了《关于家庭工人体面劳动的公约》（第 189 号公约），该公约旨在保护有酬的家务劳动，即家政工人的权利。[111] 该公约的前言指出："家务劳动继续被低估其价值并被无视，而家务劳动主要由女性承担，其中很多人是移民或属于弱势群体的一员，并因此尤其容易在工作条件和其他人权享有方面遭受歧视。"[112] 该公约的实质性条款主要在于保护家政工人的工作条件、报酬等权利，但对这类工作本身的价值被低估这件事却没有实质性的条款进行应对。也就是说，缔约方宣告其认识到了这个问题，但却没有实质性的措施来改变这一

111　该公约第 1 条第 b 款规定，"家政工人"是指在雇佣关系中从事家政工作的人。

112　The Preamble of the ILO Convention No.189, accessed February 24, 2019, https://www.ilo.org/dyn/normlex/en/f?p=NORMLEXPUB:12100:0::NO::P12100_ILO_CODE:C189.

状况。直到 2018 年，国际劳工组织才发布了一个关于照顾工作的报告，其中提出要为家政工人提供合理的报酬，实现体面劳动，并保障家政工人的社会发声和集体谈判的权利。[113] 但是这样的报告也并没有引起国际人权法领域的明确回应。

这也涉及对"同工同酬"概念的重新审视和更新。"同工"曾经指同样的工作，后来修正为同等价值的工作，而这种价值体系反映了人类的社会性别观念。在父权主义的观念体系里，女性被认为比较适合从事与照顾相关的工作，而适合女性从事的工作通常被认为价值低于那些适合男性的工作。而这样的思维模式的结果就是在劳动力市场上，与照顾相关的主要由女性从事的工作，例如，护士、养老服务、幼儿教师等工作的价值被严重低估。而这种低估造成的低报酬反过来影响男性进入以上领域，逐渐造成一种牢不可破的行业性别隔离，似乎又证明了这些行业更适合女性的错误观念，从而进一步固化这种不平等，形成恶性循环。而这种循环也再次体现了前述布尔迪厄的对性别社会建构的"自然化"理论。[114] 即男女之间因为社会建构而表现出的差异因为不断被巩固，最后被认为是自然的性别差异。

但如果要追问轻视家庭照顾劳动的思想源头，也许还要追溯到古希腊哲学对劳动的蔑视。这种蔑视并非以性别为标准，而是政治性的。前现代理论认为只有行动和言说才是人类活动中最高级的，而任何非公共的、非

113　ILO：Care Work and Care Jobs for the Future of Decent Work，International Labour Office，Geneva，2018，accessed 4 February 2021，https://www.ilo.org/wcmsp5/groups/public/---dgreports/---dcomm/---publ/documents/publication/wcms_633135.pdf.

114　皮埃尔·布尔迪厄：《男性统治》，刘晖译，中国人民大学出版社，2017，第 5 页。

政治的人类活动都是低贱的，任何为了满足生存的必要性的劳动都是处于一种奴隶状态的。而家庭照顾一类的劳动在古希腊正是由奴隶来完成的。他们的劳动成果如清洁、做饭等很快就被消耗掉了，只在世界上存在极为短暂的时间。但正如阿伦特（Arendt）所指出的，消费他们劳动所换取的东西不是别的，正是主人的自由，是主人潜在的生产力。[115] 而现代理论则把劳动赞颂为所有价值的源泉，但被赞颂的劳动似乎不包括家庭照顾，现代主要由女性从事的家庭劳动仍然被留在非公共的地带。例如，亚当·斯密对非生产性劳动也是贬低的，认为其是寄生性的，不能带来任何丰富世界的东西，似乎不配称为劳动。[116]

但是，诸如护理和照顾老人、幼童等工作中投入了很多劳动者的关怀和情感劳动，并能帮助有这些家庭责任的劳动者获得去从事更适合自己的工作的自由，这样的工作的价值甚至高于很多无须投入多少情感的工作，例如，金融行业的一些工作，但后者的财务回报却要高出很多。即便从功利主义的角度看，提高家庭照顾劳动的市场价值也有利于提高全社会的福祉。而市场对这些工作的估值不仅是由供需关系决定的，也明显受到观念的影响，否则就不会存在同工不同酬的现象了。但是，与轻视家庭照顾劳动一脉相承的是西方自由主义政治哲学对情感的轻视。这种作为西方主流意识形态的哲学将理性与情感作"二元"划分，理性通常与男性连接在一起，被赞颂，而情感则与女性连接在一起，被贬低。[117] 如此，富含情感劳

115　汉娜·阿伦特：《人的境况》，王寅丽译，上海人民出版社，2009，第64页。

116　汉娜·阿伦特：《人的境况》，王寅丽译，上海人民出版社，2009，第64页。

117　苏珊·詹姆斯：《精神哲学中的女性主义——人格同一性的问题》，载米兰达·弗里克、詹妮弗·霍恩斯比：《女性主义哲学指南》，北京大学出版社，2010，第29-31页。

动的照顾工作被低估价值也就不足为奇了。

从国际人权法的实践层面改变市场对有酬家庭照顾劳动的低估并不容易，这需要改变已经被"自然化"的社会建构，这显然会是一个缓慢的过程。国际人权法需要打破自身的学科壁垒，引入性别经济学和社会学的一些研究成果，充分认识到照顾劳动的经济贡献和社会价值。而《消除对妇女一切形式歧视公约》委员会和国际劳工组织等国际人权机构也需要继续在这个议题上发声，从而引起社会更广泛的关注。在工作权的国际人权法标准方面，也必须涵盖对这个议题的讨论。《经济、社会及文化权利国际公约》委员会应该对其被视为对公约条款权威解释的关于工作权的《第 18 号一般性建议》作出修正，补充以上内容。

三、盲区三：女性在就业中面临的刻板印象与资源不平等

随着第二波国际妇女运动的发展，国际人权法体现了一些早期女性主义的诉求，例如，1979 年联合国通过的《消除对妇女一切形式歧视公约》第 11 条详细规定了反对就业歧视的各种要求，如就业机会平等、同工同酬、禁止生育歧视等。工作权概念中包含的性别平等原则也在《经济、社会及文化权利国际公约》的性别平等条款里得到体现。

但是这些公约的平等条款是建立在"绩效为基础的职场"理论上的，所以即便包含了实质平等的概念，也仍然无法应对女性在职场面临的各种性别刻板印象（社会意识），以及起点和竞争资源的不平等（社

会资源）。[118]

后现代女性主义或后结构女性主义对主流的本质主义性别"二元论"发出挑战，反对性别刻板印象，例如，女性在职场的装扮就应该符合所谓"女性气质"等。根据联合国人权事务高级专员办公室的解释，性别刻板印象是"关于女性和男性应当具备的属性、特征或角色的一种一般化的观点或认知"[119]。耶鲁法学院的埃斯克里奇（Eskridge）教授将刻板印象分为两种：一种是描述型刻板印象，例如，认为女性是情绪化的、细心的，适合从事某种类型的工作；另一种是规范型刻板印象，例如，女性就应该有女性气质，易于合作、顺从等。[120]这些刻板印象造成性别的职业隔离，例如，幼教、护士、前台接待、空乘多为女性，因为女性被认为细心、有母爱等；也造成女性的职业"天花板"，很难晋升到管理层，因为男性被认为更有能力。

然而，对于这种"女性天生就适合做什么"的观点，早在古希腊哲学中就有对其的反驳。例如，柏拉图（Plato）的《理想国》中，苏格拉底（Socrates）与格劳孔（G laukon）谈论男女之间是否有禀赋的不同，从而决定男女是否应该有不同的职业。[121]苏格拉底通过辩论指出并不存在适合某个职业的男性禀赋或女性禀赋，而只存在某个人在某一方面的禀赋比另

118　陆海娜：《从"刻板印象"到"关系型歧视"：美国性少数群体就业歧视诉讼的发展历程及启示》，《中外法学》2019 第 6 期。

119　Office of the High Commissioner for Human Rights, "A gender stereotype is a generalized view or preconception about attributes or characteristics, or the roles that are or ought to be possessed by, or performed by, women and men", accessed February 24, 2019, https://www.ohchr.org/EN/Issues/Women/WRGS/Pages/GenderStereotypes.aspx.

120　William N., Eskridge J R., "Title VII's Statutory History and the Sex Discrimination Argument for LGBT Workplace Protections", *The Yale Law Journal*, no.2, 2019, pp.322–404.

121　柏拉图：《理想国》，郭斌和、张竹明译，商务印书馆，1986，第 182–187 页。

一个人要强一些或弱一些从而更适合某种职业。苏格拉底还指出要像使用男子一样使用女子，就必须给予女子同样的教育。

这在美国也引发了一系列基于《民权法案》第七章反就业歧视条款的诉讼，胜诉的经典案例如普莱斯·霍普金斯（Price Hopkins）案等。[122]纽约大学宪法教授吉野贤治（Kenji Yoshino）提出的"掩饰"理论则系统地分析了少数群体在职场需要掩饰自己身份的困境。[123]而女性在职场则面临需要"双重掩饰"的独特困境，既不能像个男人一样表现出过于强势招人厌烦（逆向掩饰），又不能表现出"脆弱"的女性气质从而缺少权威（正向掩饰）。[124]

此外，以"绩效为基础的职场"理论对女性来说是一把双刃剑。一方面，强调绩效在一定程度上有利于性别平等，能帮助克服一些关于女性身份的想象，即刻板印象。女性可以以绩效展示自己的职场能力，获得职业发展的机会。另一方面，与男性相比，女性因为其被社会赋予（或强加）的性别角色，往往承担家庭和社会的双重劳动，再加上生育本身，使其无法与男性获得同样的时间资源和社会资源。例如，对幼儿日托的缺失把大量职场女性逼回家庭，等孩子长大后重新就业的可能大大降低。再如，女性需要为生育和照顾家人付出时间精力，但职场考核以绩效为主，不考虑这些因素，看似一视同仁，具有正当性，但事实上却使女性在职业发展中

122　William N., Eskridge J.R., "Title VII's Statutory History and the Sex Discrimination Argument for LGBT Workplace Protections", *The Yale Law Journal*, no.2, 2019, pp.322-404.

123　吉野贤治:《掩饰——同性恋的双重生活及其他》，朱静姝译，清华大学出版社，2016，第156-183页。

124　吉野贤治教授在书中举了很多掩饰和逆向掩饰的例子，例如"同行评议和教授们往往对于带有女性主义倾向的论文嗤之以鼻"，这是一种掩饰的要求。逆向掩饰的例子有"教授倾向于把整理文件或文献综述等没有技术含量的工作交给女性助教"等。

处于不利地位。

另外，劳动者在职场的发展即便以绩效这样的硬指标为主，也与社交、导师帮扶等软性因素直接相关，并且两者是相互作用的。而女性员工往往在这些软性资源上处于不利地位。工作单位，如公司、学校等是一种科层制的组织，关于组织的社会学理论使科层制对性别的影响有过许多讨论。[125] 例如，韦伯认为基于理性原则的现代科层制，是人类有史以来发明的最有效率的组织形式。理论上，这样强调规则（如绩效）的非人格化垂直科层机构应该是有利于性别平等的。但有社会学者批评这种对组织依靠正式规则运行的信念实际上是一种"迷思"，在组织实际运行中充斥着的非正式规则、私人联系、非正式讨论和信息交换往往比正式规则更能起决定作用。[126] 和男性相比，女性在职场社交资源上处于劣势，因为社交时间通常在晚上，以聚餐喝酒等娱乐方式进行，女性或因为家庭照顾责任或因为自身安全考虑会更多缺席此类活动。即便女性可以参加，以男性为主导的饮酒等社交方式也未必是女性所欢迎的，并且性骚扰也时常发生在这样的场合，从而影响到女性的职业发展。另一种重要的职业发展软性资源——职场导师，也不利于女性。占据职场高位，可以充任"导师"支持下属职业发展的多是男性。虽然女性也可能找到男性导师，但这种情形比男性下属获得男性导师支持的情况要少许多。

此外，以"绩效"为评价标准在一定程度上有利于性别平等，例

---

125 安东尼·吉登斯、菲利普·萨顿：《社会学基本概念》，王修晓译，北京大学出版社，2019，第117-121页。

126 安东尼·吉登斯、菲利普·萨顿：《社会学基本概念》，王修晓译，北京大学出版社，2019，第117-121页。

如，可以帮助克服身份歧视和刻板印象，但是却有其局限性，无法解决上述资源不平等的问题，更不能解决起点不平等的问题。阿玛蒂亚·森（Amartya Sen）在《正义的理念》一书中也提到"资源平等"的概念。[127]对于弱势群体和贫困者来说，资源不平等的起点很可能已经决定其无法以"绩效"与强势群体竞争。在父权体制下，女性更可能被剥夺教育资源，以及其他工具性的资源，如交通工具，尤其是来自贫困家庭、移民家庭等弱势群体的女性。而起点不平等的问题需要通过国家进行社会资源平等分配等长期措施来改变，如教育资源的平等分配改革等，不可能快速见效。因此，在促进工作权的性别平等方面，以"绩效为基础的职场"理论还必须与扶贫和教育等措施相结合。

女性面临的上述职场困境都源自结构性的不平等，需要结合法律与其他措施来逐步调整改善。对此，关于工作权的国家义务的国际法教义学可以参考一些国家的良好实践。例如，反就业歧视的法律可以引入性别刻板印象的概念，有的国家为企业设置女性高管和在董事会的比例，绩效考核需适当考虑员工的家庭责任以及要求政府各部门编制性别预算等。英国、挪威等国则允许员工申请弹性工作时间，并且为了避免企业就业歧视，将非全日制工作的权利赋予所有职工。[128]

---

127 於兴中：《法理学前沿》，中国民主法制出版社，2015，第57-58页。

128 ILO："Care Work and Care Jobs for the Future of Decent Work"，International Labour Office, Geneva, 2018, accessed 4 February, 2021, https://www.ilo.org/wcmsp5/groups/public/---dgreports/---dcomm/---publ/documents/publication/wcms_633135.pdf.

四、盲区四：法律、性别与职场空间的关系

法律与职场空间的研究与女性主义颇有渊源。[129] 这个独特的视角也可以用来分析女性在职场中的处境，加深我们对性别与工作权关系的理解。职场空间是由社会关系和社会活动来定义的，和社会性别关系一样，也是人为构建的，反映了一种权力关系和等级制度。从组织理论来看，雇主一般都会精心安排职场空间以显示其权力和对员工的控制。[130] 因此，在父权制下的物理意义上的职场空间设置和分配是以男性为主导的，更多的反映了男性所掌握的权力和他们的需求。

在这个物理空间里随处可见性别的不平等结构。例如，一个公司的办公场所可能会有供员工休闲娱乐的场所，例如，做瑜伽、打乒乓球等空间，却不一定配有供女性吸奶或哺乳等私密空间，哺乳期女性往往需要躲进厕所进行。因为前者是性别中立的，人人可用，而后者却是女性专属的，从而被认为是非必要的。同理，一些福利较好的雇主可能会设置诊所为员工提供基本的保健卫生服务，但却不会设立托儿所等有利于女性员工的设施。

在工位安排上，这种性别权力结构也很明显。例如，公司的主管人员往往占据更高的楼层，而职位较低者则在楼下办公，这体现了一种

129　於兴中：《法理学前沿》，中国民主法制出版社，2015。

130　安东尼·吉登斯、菲利普·萨顿：《社会学基本概念》，王修晓译，北京大学出版社，2019，第 119 页。

"垂直分层体系"。[131] 例如，在现代公司的一个典型办公场所，主管往往占据有窗户的独立空间，在英文中被称为 corner office，而辅助人员则处于不透气、缺乏隐私的公共格子间，方便管理者时刻观察员工的活动。而这被认为是正当合理的，没有人会去挑战其公平性。但如果从性别结构看，我们往往看到在独立办公室中的大多是男性，在格子间或开放空间的更多是女性。福柯（Foucault）在《性史》等著作中指出可见度的差异，决定了员工受监控的程度。[132] 这也会导致员工的自我监控，不得不时刻控制自己的行为表现。用福柯的理论来看，这种层级监视构成一种"规训"。[133]

在 20 世纪六七十年代的西方，女性刚进入职场时，几乎完全是这样的格局，随着女性主义运动的深入，性别观念的改变，办公室分配格局也渐渐发生了变化，但性别分化现象仍在不同国家不同程度的大量存在。处于权力结构上层的男性在职场拥有更多私密空间，这为性骚扰及其他形式的性别暴力埋下隐患。而法律从一开始毫不关注职场性骚扰问题，发展到后来要求较高的举证责任，导致在私密空间受到侵害的女性很难举证性骚扰的发生。经过女性主义运动的努力，很多国家降低了受害人的举证责任。[134] 但职场性骚扰在现有的职场权力结构下仍然是非常普遍的行为，且举证仍然有困难，这与职场空间的分配是有关系的。

---

131 安东尼·吉登斯、菲利普·萨顿：《社会学基本概念》，王修晓译，北京大学出版社，2019，第 119 页。

132 安东尼·吉登斯、菲利普·萨顿：《社会学基本概念》，王修晓译，北京大学出版社，2019，第 119 页。

133 加里·古廷：《福柯》，王育平译，译林出版社，2013，第 88–89 页。

134 玛莎·查玛亚斯：《女性主义法律理论与侵权法》，载辛西娅·格兰特·鲍曼、於兴中主编《女性主义法学——美国和亚洲跨太平洋对话》，中国民主法制出版社，2018。

在会议室等工作场合，女性常常坐在后排或边缘位置，这当然与女性本身在职场等级中的弱势有关。但是人们也发现，横向比较下，同等级别的男性却常常占据更显著的空间，也更易受到关注。这也是脸书（Facebook）的首席运营官谢丽尔·桑德伯格（Sheryl Sandberg）等撰写的畅销书《向前一步》的主题。[135] 她倡导职场女性要敢于坐在前排，发出声音，让自己被看见。这当然并非因为女性天生愿意坐后排，而是父权文化社会构建的反映，日积月累的性别规训使女性下意识地坐到了边缘位置，不愿自己被看见。从性别与空间的视角来看，女性在前排显著位置的缺失减少了其可见度，构成一种恶性循环，使女性的职场处境更为艰难。在这个问题上，经验主义也可以提供一种解释框架。人类对世界的认知主要来源于个人经验，而视觉是获得个人经验的首要途径。如果女性总是处在职场的低位，那么即便物理上存在，其可见度也比较低，会造成女性不能干、不适合当领导的个人经验（偏见），而这种偏见再作用于女性，使其在职场处于不利地位，构成一种闭环。

以上例子反映了法律对空间的控制，即法律是如何构建并控制空间内所处的社会关系以及决定谁有权利在某个空间内逗留。[136] 具体到国内法，劳动法赋予雇主自由分配工作空间的权力，这种分配反映出职场的性别关系。而刑法则可能不自觉地对处于不同职场空间的法律主体进行区别对待，忽视某些类型的工作场所发生的性别暴力。目前的工作权理论显然还没有注意到这些。

135　谢丽尔·桑德伯格、尼尔·斯科维尔：《向前一步》，第2版，颜筝、曹定、王占华译，中信出版社，2014。

136　於兴中：《法理学前沿》，中国民主法制出版社，2015。

第二章　大数据、人工智能对传统就业的性别影响

　　随着社会的发展，人们的就业形式也在不断地革新。在新技术革命的推动下，无论是企业、机构还是劳动者都在经历着招聘和就业的新要求。劳动者作为就业市场中地位相对弱势的一方需要不断适应招聘中的新规则，以便在就业市场中谋得一席之地。雇主也在不断优化自己的招聘和评估员工的方式，以便实现人才的最优配置。然而，在这看似进步的博弈中，女性作为就业市场中经常面临性别歧视的群体，其境况并未实现实质性的转变。虽然国际和国内已经呼吁、倡导就业中的性别平等，但是在实践中，与男性相比，女性依然面临着就业难、职业发展难、职场资源分配不公平等困境。为了探究人工智能对就业市场中劳动者的性别影响，本章共分为三节进行阐释，即大数据、算法对招聘的性别影响，大数据对劳动者隐私权的性别影响，以及人工智能对就业安全权的性别影响。

第一节　大数据、算法对招聘的性别影响

人工智能以大数据样本为基础，通过算法的公式运算输出结果。在招聘方面，大数据中样本的代表性以及算法的运作程序对人工智能输出结果的科学性和准确性有着一定的影响。这种影响有其独特的性别维度，对不同性别的求职者会产生不同的影响。本节将主要分析大数据和算法这种看似中立于性别的科技，如何产生性别偏见、产生哪些形式的性别偏见以及这些偏见对妇女的工作权有着怎样的影响。

一、大数据、算法和人工智能并非"性别中立派"

随着互联网技术的发展，大数据、算法、人工智能等词汇已经不仅局限于科技领域，它们开始在人们的工作和生活的众多范畴发挥重要的作用。人们可能只是在家中打开手机上的某个应用软件搜索并浏览了一个页面就已经被大数据捕获了信息，并且经过算法的运作，这款软件今后就会推送与之前浏览过的信息相似或有关联的内容。这种仿佛具有"读心术"功能的技术已经在众多领域带来了史无前例的变革。在传统的招聘领域，大数据和算法的应用也正在悄无声息地掀起"革命"，改变传统人力资源招聘的工作程序和方式，也会改写应聘者的求职生涯。这一变革过程产生了一个现代人力资源依赖大数据和算法招聘时经常忽视的重要问题，即科技应用对性别平等的影响。

　　不关注科技领域的人们可能无法想象，大数据、算法、人工智能这些看似不会存在偏见和歧视的"中立派"，既可能是性别平等的助推器，也可能是性别歧视的推动者。今天，要保障妇女的工作权，我们就必须深入地了解大数据和算法在招聘领域会产生何种性别影响，雇主如何平衡利用科学技术提高效率产出的需求与保障性别平等的目标，以及利益相关的各方如何应对才能确保大数据和算法始终为推动性别平等而运作。在当今这个科技大发展的时代，科学技术在招聘领域的应用已经不可避免地影响着人们获取工作的机遇以及获得工作的质量。科技和招聘的互相作用已经不能让人们忽视它们对推行性别平等的意义了。

　　在探讨运用大数据和算法招聘对性别的具体影响之前，首先需要解释一些相关的概念及其基本内容。例如，传统数据和大数据分别指的是什么，大数据是通过哪些途径收集信息的，等等。人们熟知的传统数据通常是为服务于特定意图而收集的数据，有着一定的框架形式和有效并可靠的衡量标准，例如，通过入户调查、制度性记录或统计调查等方式获得的数据。[137] 这些数据的收集过程都是人们熟知并且可以切身体会的。与传统数据不同，大数据来源于新的科学技术，例如，移动智能手机和"事物的互联网化"，也包含了其他数据源，例如，社交媒体以及"公民产生的数据"。[138] 在这里，"公民产生的数据"是指人们或者机构制造的，用于对直

　　137　UN Women："Gender Equality and Big Data"，p.3，accessed January 19，2021，https://www.unwomen.org/-/media/headquarters/attachments/sections/library/publications/2018/gender-equality-and-big-data-en.pdf?la=en&vs=3955.

　　138　UN Women："Gender Equality and Big Data"，p.2，accessed January 19，2021，https://www.unwomen.org/-/media/headquarters/attachments/sections/library/publications/2018/gender-equality-and-big-data-en.pdf?la=en&vs=3955.

接影响他们的事项进行监测、提出要求或推动变革的数据。[139]

　　大数据如同互联网中的数据库，它是为了算法而工作的。如果人们录入职业相关的信息在招聘类社交媒体或因为某种原因有意或无意地使自己职业相关的信息进入互联网，那么这些信息就可能被储备在招聘类大数据中。那么算法又是怎样运作的呢？在技术层面，算法即一系列可以指导计算机完成任务的指令，计算机接收到输入的代码和数据，经过每一步的算法程序输出结果。[140] 算法是否科学、可靠取决于大数据的代表性。由此可见，大数据的局限与算法输出结果的局限是正相关的关系。大数据不具备人类的思想情感、价值审美等特性，也无法通过这些特质去纠正输出的结果以达到某种精神层面的追求和目标。虽然大数据和算法本身是没有性别意识的，但是它们在运作过程中却可能产生性别偏见。这种情况的出现是由人工智能在整个运行中的诸多因素决定的。

　　人工智能指的是机器需要具有同人类一样的智力去进行工作的过程。换言之，人工智能是研究智力问题的行为以及创造智力的计算机系统。[141] 人工智能的经济用途可大致被分为五种：（1）深度学习，即基于一组算法，试图在数据中搭建高水平抽象模型，一个机器中出现的差错将在系统中记忆并防止下次出现同样的错误；（2）自动化，即具备自学功能，实现生产

139　The Data Shift："What is Citizen-generated Data and What is the Data Shift Doing to Promote it？" Civicus，accessed January 19，2021，http://civicus.org/images/ER%20cgd_brief.pdf.

140　Think Authomation："What is an Algorithm？ An 'in a Nutshell' Explanation"，accessed January 19，2021，https://www.thinkautomation.com/eli5/what-is-an-algorithm-an-in-a-nutshell-explanation/.

141　IBA Global Employment Institute，"Artificial Intelligence and Robotics and Their Impact on the Workplace"，April 2017，p.10，accessed May 1，2021，https://www.researchgate.net/profile/Mohamed-Mourad-Lafifi/post/Social_Robots_or_robots.

过程自动化，可以带来创造性的解决方法，如 3D 打印技术；（3）非物质化，即摒弃传统办公室工作活动，通过自动软件收集必要的信息并发送至雇员，换言之，传统物质化的产品变成了软件；（4）平台经济，即通过"众包工作"和"应用程序按需工作"的形成改变传统就业关系；（5）自动驾驶，即汽车具备了通过传感器和导航功能进行自我管理的能力。[142] 机器人和人工智能界出名的产品包括："智慧工厂"和无人驾驶车。人工智能的运作是大数据和算法共同作用的结果。

就人工智能和大数据以及算法的关系而言，人工智能样本的输入决定了人工智能在运作过程中输出什么样的结果。算法充当着指挥计算机程序或机器人的角色，而大数据就是计算机程序或机器人接收到算法的指令之后为了完成任务而利用或挖掘的数据。如果大数据中储存的样本是非中立的数据，那么算法得出的结论可能与样本之间呈假性相关，但是这些数据经过算法的程序后被认为是客观的和科学的，这就可能加深偏见。[143]

大数据和算法越来越被广泛应用于招聘环节。这些新技术节约了人力资源的成本，也提高了工作效率。雇主们获取大量求职者的信息并将其置于大数据中，通过一定的岗位职责及设置标准的筛查，在自动化招聘过程中进行决策。算法可以遵从雇主各项招聘要求或偏好，如对学历、工作经历、年龄或性别的要求。算法可以在招聘系统中自动淘汰大量不符合招聘标准的申请者的简历，并对应聘者参加的视频面试情况进行分析，帮助

142　IBA Global Employment Institute, "Artificial Intelligence and Robotics and Their Impact on the Workplace", April 2017, pp.10–11, accessed May 1, 2021, https://www.researchgate.net/profile/Mohamed-Mourad-Lafifi/post/Social_Robots_or_robots.

143　宋素红、王跃祺、常何秋子：《算法性别歧视的形成逻辑及多元化治理》，《当代传播》2020 年第 5 期，第 97 页。

雇主选择最合适的求职者。[144] 然而，这表面看似客观高效的筛选求职者的程序却很可能延伸并实践着女性在传统求职过程中会面临的性别歧视。例如，在传统招聘广告中偏好男性或者在招聘环节中对女性求职者的各种歧视行为也会延伸到人工智能筛选简历和分析面试者表现的环节中，这就是大数据和算法的非性别中立表现。

二、人工智能招聘中的性别歧视如何产生

关于人工智能在就业和招聘中具体是如何产生对女性的偏见和歧视的问题，首先需要研究人工智能可能产生偏见和歧视的环节在哪里。导致歧视的因素众多，可能是被训练的数据专门包含了人为需要保护的一些特质，如性别。[145] 从这个层面而言，意味着算法发出的指令表明了某一性别应该被显示在人工智能最终输出的结果中。例如，大数据中储存了不同性别的一些特质，那么算法在经过学习并发出指令后，人工智能最后输出的结果可能是男性更加有事业心或女性不喜欢加班，抑或得出相反的结论。算法得出的关于性别特质的结论很大程度取决于大数据中储存的性别特质。

基于大数据，算法也可以自动学习到人类的性别偏好。如果大数据中储存着女性不喜欢加班的数据足以让算法学习到这一结论，人工智能在显

144　Jan Dop："Using Algorithms in the Employment Relationship"，accessed January 19，2021，https://www.russell.nl/publicatie/use-algorithms-employment-relationship.

145　Jan Dop："Using Algorithms in the Employment Relationship"，accessed January 19，2021，https://www.russell.nl/publicatie/use-algorithms-employment-relationship.

示加班类工作的时候就会自动将女性评为不符合要求并把她们直接过滤掉。这就容易引起对特定性别的偏见。欧盟网络与信息安全局认为，大数据适用数据组合，旨在为个人建立特定的档案，以便在自动化决策系统中使用，但这样的档案在特定的情况下会造成职业性别隔离或／和歧视，却没有给个人用户就其结论以提出异议的机会；另外，基于不完整的信息进行建档可能产生错误的负面结果，使个人不能公平地获得本来有资格享有的权益。[146] 在某种程度上，大数据和算法都可能是产生偏见结论的基础，因为他们本身是人类设计的，不能够达到完全的中立。

当算法本身包含了人类的固有偏见，它输入的信息依然带着偏见，因此其输出的结果必定会包含偏见或歧视。[147] 值得注意的是，这样的偏见或歧视是被歧视的对象无法预见的，也无法辩驳的。那么，一旦不中立的结果产生，人们也很难找到证据去维护自身权益。一位女性求职者很有可能永远都不知道自己的简历被淘汰的原因是被人工智能歧视了。而雇主可能也并没有意识到这一点，当人工智能选出来的员工大部分是男性后，反而为雇主的性别偏见提供佐证，从而进一步强化其已有的性别偏见，造成恶性循环。除此之外，"算法优化点击率或其他没有大偏差的指标也可能无意中造成歧视，即这种工具性本质，造成了算法自身很难避免歧视"[148]。例如，推荐引擎会依据用户的特质，包括性别，向用户推送其认为最适合用

146　The European Union Agency for Network and Information Security: "Privacy by Design in Big Data-An Overview of Privacy Enhancing Technologies in the Era of Big Data Analytics", p.13, accessed May 3, 2021, https://www.enisa.europa.eu/publications/big-data-protection.

147　陶锋:《人工智能中的性别歧视》,《浙江学刊》2019 年第 4 期, 第 14 页。

148　Data A., and etc., "Automated Experiments on Ad Privacy Setings: A Tale of Opacity, Choice, and Discriminattion", *Privacy Enhancing Technologies*, no.1（2015）: 102, 105.

户喜好和需求的广告，以便获得更高的点击率。[149] 这也是为什么人们在求职网站上浏览过某个职位后，下次打开应用时，相似的职位就会浮现在眼前。但是这样依据之前点击的内容来决定未来看到的内容而形成的大数据推送结果就可能将很多其他可能性排除在外。这样的结果无疑使得人们被动接受的信息越来越狭窄且缺乏多元性考虑。当算法捕获了性别为重要特质时，人工智能给求职者推送的职位就会与性别需求相关，给雇主输出的结果也会与性别相关。但是，这样的输出结果不一定科学，也很可能不公平。算法造成的性别歧视实际上是算法的程序设计师、广告商、使用者以及算法规则本身共同作用的结果。[150] 因此，每一个环节都有可能为强化或减少性别歧视产生作用。但是，如果没有一些人为的干预，算法可能产生性别歧视的因素则更容易被人们忽略。

人工智能可以在程序中获得这些偏见和歧视，但是却不能像人类一样有意识地自动采取方法避免歧视。[151] 这就使得人工智能输出的结果成为其数据处理过程中僵化程序的一部分，不能像人类一样灵活地展示人类社会可能存在的更多可能性或例外情形，从而矫正可能的偏见与歧视。人工智能招聘中运用的算法与传统的招聘程序有很大的区别。通过机器应用的大数据算法经常通过观察个人行为，采纳未经解释的相互关系与因素，而不是直接衡量与工作表现相关的技术或能力。[152] 那么影响招聘结果的因素通常是未知的。算法的复杂性决定了它的决策程序是非透明的，那么雇主据

149　Pascale Fung：《机器人能"杀死"性别歧视吗》，《中国企业家》2016 年第 1 期，第 27 页。

150　陶锋：《人工智能中的性别歧视》，《浙江学刊》2019 年第 4 期，第 14 页。

151　曾显荣：《人工智能时代女性就业面临的机遇与挑战》，《经济师》2019 年第 7 期，第 39 页。

152　PaulineT Kim，"Big Data and Artificial Intelligence：New Challenges for Workplace Equality"，*University of Louisville Law Review*，no.2（2019）：313-328.

此作出的招聘决策也将难以解释其中的原因。[153] 在求职者方面，其更加难以获得对自己不利的结果的原因，也无从寻求救济。如果不深入分析这些程序给女性带来的不利影响，那么女性面临的不利地位将永远得不到注意。如果对算法歧视长期忽视，不仅会导致女性错过通过人工智能改变其不利的求职地位的机会，而且会使雇主们，包括女性劳动者自身，都可能错误地认为现有人工智能招聘公平、高效，结果毋庸置疑。

三、人工智能招聘中性别歧视的具体表现

人们已经发现诸多人工智能在招聘中的偏见和歧视行为。有研究表明，人工智能在数据和图像处理以及各种相关信息进行联系的过程中存在性别歧视的现象。例如，在翻译过程中，"总统"的翻译结果将与男性相联系，而图像识别家务场景时会将与女性相关的信息组合在一起。[154] 在谷歌浏览器中输入"CEO"，图片页面显示的绝大多数为男性照片。[155] 同样，打开百度搜索"高管"后，大部分图片为男性照片。这就是人类的性别歧视在人工智能方面的具体体现。就连人工智能都自动倾向将高管类职务归于男性，那么女性在申请这类职务的过程中能够过几道人工智能关卡就变得很难判断。但是如果我们将"CEO"和"高管"前面加上"女性"一词作为限定，那么搜索出来的结果会更加公正。这也说明通过人为限定，性

153　Pauline T.Kim, "Big Data and Artificial Intelligence: New Challenges for Workplace Equality", *University of Louisville Law Review*, no.2（2019）: 313-328.

154　方雨晴：《人工智能时代下的性别平等》，《中国投资（中英文）》2019 年第 Z1 期，第 34 页。

155　Pascale Fung：《机器人能"杀死"性别歧视吗》，《中国企业家》2016 年第 1 期，第 27 页。

别歧视在招聘中可以通过技术在一定程度上进行纠正。

在实践中，这种可能产生的针对女性的歧视和偏见充斥着招聘的所有环节。在求职者收集招聘信息时，大数据和算法就可能已经将带有性别歧视的招聘广告推送给了求职者。算法可以根据大数据将招聘职位的目标群体依据性别进行分类，设定为目标客户并向他们推送设计好的招聘广告。[156]例如，谷歌的人工智能程序将高薪职位的目标人群定为男性，所以它向男性用户推送了 1825 次薪资在 20 万美元以上的职位，而这样的职位向女性推送的次数仅为 318 次。[157]男性和女性看到的招聘广告不同也是大数据和算法作用的结果。这样的情形无疑会增加女性获得低于男性薪资水平的工作机会的概率。因此，在获取招聘广告的环节，人工智能在男女之间的差别对待就已经开始，而女性在竞争的起跑线上就可能开始处于不利地位。

在雇主筛选简历的环节，新一轮性别偏见可能再次产生。例如，亚马逊公司曾经开发一款人工智能招聘工具，用于分析过去十年求职者的简历，但是这些数据基本上都是依据男性简历数据得出的适合某个岗位的特质，原因是过去类似职位大部分投简历的求职者为男性，所以数据库中的信息大部分也是从男性简历中获取的内容。[158]这种情况并不一定是人为有意选择男性简历作为标准，而是在程序设计之初采纳数据的时候就缺乏了性别视角，导致样本过于集中体现男性，女性简历的缺失既没有在数据中进行弥补，也没有在算法等后续程序中进行纠正。这导致这一工具在筛选

156　陶锋：《人工智能中的性别歧视》，《浙江学刊》2019 年第 4 期，第 13 页。

157　Data A., and etc., "Automated Experiments on Ad Privacy Setings: A Tale of Opacity, Choice, and Discriminattion", *Privacy Enhancing Technologies*, no.1（2015）：102, 105.

158　《过去十年引人注目的分析和人工智能错误》，https://moore.live/news/255307/detail/?openin=app，访问日期：2021 年 2 月 3 日。

求职者过程中给女性的打分较低，而长期形成的局面使得背后的科研人员也很难扭转。[159] 如果这种实践没有及时得到纠正，那么在后期使用过程中进行纠正的成本将更高。这也反映出社会形成的性别歧视在人工智能中也可以被映射出来。[160]

类似的缺乏性别意识的实践并不是唯一可能产生性别歧视的原因。另外一个可能的原因是，人工智能可以学习到筛选男性喜欢使用的词汇，例如，"执行""夺得"，并舍弃含有"女人的"词。[161] 这样的结果就是连机器这种原本不会产生性别意识的工具都开始通过简历中的用词进行判断，从而青睐男性求职者的简历。人工智能招聘中，看似中立的行为却可能因为筛选简历时所依据的关键词将女性置于劣势地位。那么，按照这样的逻辑，除非女性在简历中经常使用被人们界定为男性化的词语，否则在很多职位的竞争中连机器这一关都不一定能够通过。在这种情况下，如果没有人为规定简历样本在性别上的平等分配或者人为干预机器读取的结果，那么女性在本轮竞争中将失利。虽然这款招聘软件已经不再被使用，但是通过这个技术我们可以了解到，算法和大数据可能在无形中对女性求职者产生不利影响。如果缺乏监管或规制，类似软件再次被应用的可能性将依然存在。因为其背后的逻辑使得通过人工智能这种看似中立的运作规则实现性别偏好选择成为一种可能。那么无论是有意还是无意为之，都需要人们

159　Meyer, D., "Amazon Reportedly Kiled an AI Recruitment System Because It Couldn't Stop the Tool from Discriminating Against Women", accessed February 12, 2021, https://fortune. com/2018/10/10/amazon-ai-recruitment-bias-women-sexist/.

160　陶锋：《人工智能中的性别歧视》，《浙江学刊》2019 年第 4 期，第 13 页。

161　《过去十年引人注目的分析和人工智能错误》，https://moore.live/news/255307/detail/? openin=app，访问日期：2021 年 2 月 3 日。

通过一定的性别平等规则去约束。

　　类似的例子还有美国某公司在 2004 年至 2014 年将所收到的简历中的关键词录入为样本关键词储存在系统数据库中，以便让系统识别哪些关键词与特定的岗位最为匹配。例如，与经理职位匹配的关键词为"决策力"，同样由于过去几年向该公司求职的人大多为男性，人工智能得出的结论很可能为：女性不如男性符合岗位要求。[162] 这就意味着，数据的偏见可能导致人工智能在运作过程中将偏见应用在招聘过程中，造成对女性求职者的就业歧视。当这些信息在数据库中存储，就会使得性别偏见的影响范围扩大，应用程度加深。[163] 那么，即使大数据和算法通过代码的形式将性别偏见进行大规模应用，女性面临的就业歧视也不能避免，因为将男性的履历作为理想员工的评价标准无疑增加了大数据对女性的偏见。

　　这些性别偏见产生的原因很复杂：一是人工智能的程序设计和代码都是由人制定的，如果在制定这些程序的过程中不能规避偏见，那么机器在应用大数据和算法时就可能难以消除偏见；二是人工智能的编程者大多为男性，那么男性视角无疑会成为主流并忽视对女性权益的考量。[164] 此外，由于男女两性在媒体中的呈现程度有差别，性别素材在算法训练中也与现实有差距，这样就可能造成算法的性别偏见。[165] 从这些因素来判断，人工智能的每一个环节及其参与者都可能成为其最终输出含有性别偏见结果的

---

　　[162]　严景：《人工智能中的算法歧视与应对——以某公司人工智能简历筛选系统性别歧视为视角》，《法制博览》2019 年第 14 期，第 127 页。

　　[163]　方雨晴：《人工智能时代下的性别平等》，《中国投资（中英文）》2019 年第 Z1 期，第 34 页。

　　[164]　方雨晴：《人工智能时代下的性别平等》，《中国投资（中英文）》2019 年第 Z1 期，第 34 页。

　　[165]　宋素红、王跃、常何秋子：《算法性别歧视的形成逻辑及多元化治理》，《当代传播》2020 年第 5 期，第 97 页。

诱因。性别平等意识和实践的缺失将影响整个人工智能运作的公平性。

　　人工智能开发领域女性从业者的缺失也导致了人工智能的性别偏见。根据世界经济论坛发布的《全球性别差距报告（2020）》，在大数据和人工智能领域的女性从业者仅占26%，而这一领域的性别差距要比工程、云计算等领域更大。[166] 由于大多数人工智能的工作人员是男性，那么他们在程序和数据开发方面就可能很少考虑到女性的需求。[167] 从这一点来看，人工智能的核心运作依靠男性予以发展，如果女性不能够在其中产生足够的影响力，那么女性的需求和视角则容易被人工智能忽视。这种态势一旦形成，在后续的运作中进行更改将变得更加困难。因此，越早实现在人工智能领域增加女性的影响力，就越有助于推行性别平等。

　　目前，关于人工智能在招聘和人力资源工作运用中的理论和实践探讨大多集中在人工智能如何提高效率和节约成本方面，对人工智能带来的性别歧视这类话题的研究很有限。整个行业在大数据和算法领域对其可能产生的性别歧视问题并没有足够的重视，即便有女性研究者提出这个问题，其声音也是微弱和边缘化的。那么，可以预料的是，在就业市场上，男性主导的科技领域可能在有意识或无意识的情况下支配大数据或算法的规则，直接或间接地导致对女性求职者的歧视与偏见。这些带有偏见的数据会对招聘决策产生影响。[168] 这些影响很可能给女性带来更多不利后果。

166　世界经济论坛：《全球性别差距报告（2020）》，第38页，http://www3.weforum.org/docs/WEF_GGGR_2020.pdf，访问日期：2021年5月2日。

167　陶锋：《人工智能中的性别歧视》，《浙江学刊》2019年第4期，第13页。

168　王爽：《警惕被人工智能扩大的职场性别歧视》，《中外管理》2019年第3期，第79页。

四、人工智能如何消除对女性的就业歧视并促进性别平等

既然人工智能可能产生就业歧视，那么如何才能在未来实现男女在人工智能大规模参与的招聘环节获得平等机遇，保障性别平等？要解决这个问题，一个方案是训练人工智能扩展其展示结果的多样性，以便更好地实现人类想要实现的目标。[169] 换言之，合理使用大数据，让它服务于性别平等。例如，通过收集女性的需求、利益、困难和呼声以及了解女性面临的威胁的数据并加以应对，以纠正性别差距；实时监测性别平等指标和发展过程；确保妇女掌握信息技术以及技术催生的信息；了解信息使用过程中可能产生的伤害与风险；了解与性别平等相关的社会价值观、政治现实和妇女赋权因素，以便更有效地解读大数据。[170]

另一个必不可少的方案是让更多的女性进入人工智能领域。当女性比例增加了，女性的需求就可能受到足够的重视，从而形成影响行业决策的局面。在大数据和算法领域增加性别视角具有重要的意义，这将对平衡大数据和算法对女性求职过程中可能产生的弊端形成积极效果。只有从源头上将女性的需求和考量设计在算法中，才能避免人工智能从源头就开始倒向歧视女性的结果。提出这种设想的逻辑是，如果以人工智能为基础的软件被发现存在歧视妇女的结果，那么就应用人工智能为载体的性别解码方

169　Pascale Fung:《机器人能"杀死"性别歧视吗》，《中国企业家》2016 年第 1 期，第 27-29 页。

170　《过去十年引人注目的分析和人工智能错误》，https://moore.live/news/255307/detail/?openin=app，访问日期：2021 年 2 月 3 日。

式去帮助雇主使用具有性别敏感性的语言来描述招聘职位要求，以创建一个更为包容和多元的工作环境。[171]

另一个重要的环节是在数据选择中尽量确保性别平等。例如，在大数据中尽量选择不带歧视性的数据或者对可能产生歧视的算法输出进行数据补充，如增加男性做家务的图片与信息以平衡人工智能将家务自然与女性连接的倾向。[172] 在众多行业都可以通过类似的方式纠正性别偏见。这需要参与者对人工智能可能产生性别歧视这一议题有足够的认识并且掌握必要的性别平等知识，才能纠正机器产生的偏见行为。此外，开发反歧视技术，从技术上对人工智能各个环节可能产生歧视的情况进行纠正也将有助于防范风险。[173] 根据人工智能业界的分析，在设计层面是可以实现公平的，原因是计算机的运作是根据逻辑进行的，从理论上讲它是不会受制于人类意识产生的偏见的，反而是人类决策更容易受到固有偏见的影响。[174] 开发人员需要有足够的知识去了解偏见是如何被人工智能捕获的以及这些偏见会对人工智能输出的结果有什么影响。[175] 在这方面的技术开发过程中，聘请专业的性别平等专家以进行专业的指导是十分必要的。联合国教育、科学及文化组织（UNESCO）认为，将专业的女性理论知识纳入人工智能领

171　UNESCO: "Artificial Intelligence and Gender Equality", accessed February 25, 2021, https://unesdoc.unesco.org/ark:/48223/pf0000374174.

172　陶锋:《人工智能中的性别歧视》,《浙江学刊》2019 年第 4 期, 第 19 页。

173　陶锋:《人工智能中的性别歧视》,《浙江学刊》2019 年第 4 期, 第 19 页。

174　中国发展研究基金会、红杉资本:《投资人力资本, 拥抱人工智能——中国未来就业的挑战与应对》, https://cdrf.org.cn/jjh/pdf/822.pdf, 访问日期: 2021 年 2 月 25 日。

175　中国发展研究基金会、红杉资本:《投资人力资本, 拥抱人工智能——中国未来就业的挑战与应对》, https://cdrf.org.cn/jjh/pdf/822.pdf, 访问日期: 2021 年 2 月 25 日。

域要比简单地增加"妇女"为特定目标群体更加有用。[176] 因此，实质性的改变还需要依赖专业的性别知识。

在技术层面外加法律、政策和伦理的指导也是消除性别歧视的重要路径。[177] 由于人工智能仅仅有能力依据规则和它能掌握的数据进行运作，但不能规避这些潜在的歧视，也没有主观判断力，因而为了避免人工智能导致的歧视，在就业环节，人类的参与必不可少。性别平等应当被视为一种长期的思维方式及一种审视角度，特别是对于雇主而言。在实践中确保技术参与者或者雇主了解人工智能可能带来的性别歧视及其有害影响非常重要。例如，当人工智能机械地判断某员工在工作时间浏览与工作无关的页面时，可能会得出结论认为这位员工不合格，但实际上员工有时间浏览其他内容可能是因为该员工的工作效率很高，完全可以胜任比目前更高的岗位。因此，当人工智能作出不利于劳动者的评价时，应该有人对结果进行谨慎评估，通过进一步的证据对表面证据进行补充，进而对人工智能的评价结果加以验证。[178]

另外，在大数据和人工智能领域推广人权保护实践也非常重要。例如，在可持续发展议题下，将大数据和传统数据结合，创造更高质量的信息和更多机会，保障更大范围的开放和透明，同时在数据包容性中注重隐私和人权保护。[179] 在推动性别平等方面，大数据可能提供不少技术方案。

176　UNESCO："Artificial Intelligence and Gender Equality"，accessed February 25，2021，https://unesdoc.unesco.org/ark:/48223/pf0000374174.

177　陶锋:《人工智能中的性别歧视》,《浙江学刊》2019年第4期，第19页。

178　田野:《劳动法遭遇人工智能：挑战与因应》,《苏州大学学报（哲学社会科学版）》2018年第6期，第60页。

179　UNESCO："Artificial Intelligence and Gender Equality"，accessed February 25，2021，https://unesdoc.unesco.org/ark:/48223/pf0000374174.

大数据可以发挥的领域包括：（1）解决传统数据中的性别差距，例如，在那些女性活动、女性需求、女性利益或者女性面临的威胁通常比较隐性的领域对性别平等加强研究；（2）实时追踪性别指标；（3）了解与性别平等相关的社会价值观和政治现状以便更加有效地解读大数据分析；（4）解决女性难以获得的那些可以促成大数据生成的技术问题；（5）提升人们对数据生成中可能产生性别不平等的意识；（6）理解并解决数据使用过程中可能带来伤害的风险。在这些领域，大数据可以发挥作用，追踪性别平等发展的程度，例如，女性在行业的代表性、贫困程度等。[180] 这些措施都是大数据可以在促进性别平等方面发挥作用的地方。在招聘环节，大数据可能发挥作用的地方还有巨大潜力。

在人工智能时代推动性别平等需要所有行业共同协作，也需要法律政策的推动以及全社会性别平等意识的增强。目前，我国在规制算法产生的歧视方面还存在很多不完善之处，还需在上述各个方面进一步努力。

五、小结

人工智能和大数据时代的到来已经改变人们生活的诸多方面。人类已经进入与机器共同生活和工作的时期。在这场技术变革中，人们需要改变自己以适应新技术发展的要求。大数据时代开辟了一个崭新的世界，然而从性别角度而言，这次变革却继承了旧世界中的性别失衡，女性在人工智

180　UNESCO："Artificial Intelligence and Gender Equality"，accessed February 25，2021，https://unesdoc.unesco.org/ark:/48223/pf0000374174.

能世界中依然经历着各种偏见和歧视。由于人工智能及其核心技术的开发者大多数为男性，因而女性的需求得不到足够的重视，有时候甚至会被完全忽略。人工智能的运作依赖于算法和大数据，继承了传统领域很多行业的数据，也继承了传统领域的性别关系，这就意味着女性的代表性在人工智能的开发中仍然会是一个问题。算法根据录入计算机程序的数据和计算机语言进行工作，最后推导出的结果往往带有性别偏见。

在求职过程中，女性和男性由于性别不同可能会收到薪水档次不同的招聘广告。运用人工智能选择的理想员工样本中也可能存在性别偏见，而这种结果很可能给女性带来不利影响。究其原因，人工智能招聘的程序往往是男性开发的，而算法的运作也大多由男性制作，同时雇主在招聘中录入的样本数据也可能大多以旧有数据为依托，男性的简历和男性化的语言更加具有优势。这就导致了女性求职者的简历很可能被人工智能打低分。如果不经过人为的刻意干预，女性将在人工智能招聘中处于劣势地位。从人工智能的技术角度而言，在录入样本中可以增加女性的需求考量抑或增加关于女性的数据，这将在一定程度上纠正输出结果对女性的偏见。此外，在技术层面外加法律、政策和伦理的指导是消除性别歧视所必须的。当然，在适当干预下，人工智能也完全可能用于推进性别平等，关键在于人类社会是否有充分的性别平等意识去指导这一切的发展。

第二节　大数据对劳动者隐私权的性别影响

大数据的使用方便了信息和样本的收集，但是也可能存在对个人隐私权的侵犯问题。隐私保护与就业平等密切相关。例如，求职者在应聘时经常被要求提供与职业要求无关的个人信息，如婚恋状况、生育计划、家庭状况等。与男性相比，女性更可能被雇主要求提供这类个人信息。但是这类问询往往比较直接，在反歧视法较为完善的国家或地区如此问询的雇主容易受到法律的惩罚。而大数据使得雇主利用劳动者隐私作出歧视性决定变得更为隐蔽，更易规避法律的管辖或制裁。雇主可以通过大数据获取员工的各种信息，基于这些信息，雇主可以对特定的员工作出各种可以影响其职业发展的决策。此外，个人信息的泄露更易对女性的职业发展造成负面影响。本节将分析大数据背景下的劳动者隐私保护问题、侵犯劳动者隐私的性别影响以及应该采取的对策。

一、大数据背景下的劳动者隐私保护问题

大数据和隐私问题是相伴而生的。大数据所涉及的最大风险之一就是侵犯个人隐私的风险。大数据的运作核心是收集更多的数据以便进行更精准和更高效的分析。然而，这些数据往往不是数据主体（如消费者）有意提供的，而是通过一些交易（如网购），从服务提供者处获得以享受免费服务（如免费邮箱账号、社交网络）衍生而来的，或某网络服务器自动收集而来的（如导航获取位置信息）。[181] 这就意味着大数据获得的信息在很大程度上是在数据主体不知情的情况下被收集和利用的。

---

[181] Jordi Soria-Comas and Josep Domingo-Ferrer, "Big Data Privacy: Challenges to Privacy Principles and Models", p.3, accessed February 25, 2021, https://crises-deim.urv.cat/web/docs/publications/nonisijournals/912.pdf.

在工作领域，人工智能收集的劳动者信息可能来源于雇主的要求，抑或人工智能自动根据算法获取。[182] 信息源可能是社交媒体、网站、数据库或职场监视等。因此，劳动者可能在不知情的情况下就已经被雇主掌握了超过自己期望范围的信息。雇主对劳动者信息的收集意图众多，一方面，雇主可以实现对劳动者的了解、监督，促进劳动效率的提高，或者追踪劳动者健康状况防止职业病等[183]；另一方面，雇主可以通过人工智能系统对人力资源需求和供给进行评估以提高招聘效率，对员工信息进行存档，提高企业战略管理能力等[184]。

实践中，雇主通过人工智能获取劳动者信息的情况已经很普遍，例如，通过打卡机进行员工考勤，获取劳动者的指纹或面部等生物信息并进行存档管理等。[185] 这样的实践可以帮助雇主的人力资源部门对职工进行考勤记录等人事管理和绩效评价。算法和大数据还可以帮助雇主对求职者或员工进行测试，分析求职者的业务能力、心理素质、性格等个人信息，以了解被测试者是否符合雇主的发展目标。[186] 然而，这些环节都是雇主获得劳动者超出必要范围的个人信息的渠道，隐藏着劳动者隐私权被侵犯的风险。

雇主掌握劳动者众多信息本身不一定侵犯劳动者的隐私权。但是如果

182　田野：《劳动法遭遇人工智能：挑战与因应》，《苏州大学学报》2018年第6期，第62页。

183　田野：《劳动法遭遇人工智能：挑战与因应》，《苏州大学学报》2018年第6期，第62页。

184　徐妙文、曾杰、杨州敏等：《人工智能给人力资源管理工作带来的机遇与挑战》，《企业改革与管理》2020年第14期，第81页。

185　李成朋、杜周保：《浅谈人工智能在人力资源管理中的作用》，《信息系统工程》2020年第7期，第108页。

186　徐妙文、曾杰、杨州敏等：《人工智能给人力资源管理工作带来的机遇与挑战》，《企业改革与管理》2020年第14期，第81页。

这些信息获取和使用未经过劳动者授权，抑或被滥用或者管理不当，那么就可能对劳动者的隐私权带来侵害。例如，雇主在采集求职者或员工信息时缺乏对用户知情权和许可权的尊重，或者对个人信息采集的范围过大，超出必要的范围，抑或信息保护机制不完善，这些行为都容易引发信息泄露等问题。[187] 保存大数据的人也可能丢失或不能意识到数据可能被处理或从一个系统流向另一个系统。劳动者隐私权被侵害主要有以下几种情形：（1）有意识地向第三方提供劳动者隐私信息；（2）由于失职行为导致信息泄露；（3）由于不可抗力导致数据泄露。[188] 信息泄露可能给劳动者带来的危害不可估量，例如，婚姻状况和健康状况类信息的泄露可能导致劳动者受到职场歧视。[189] 这些行为可能给劳动者的就业、培训、晋升等职业发展，甚至劳动者生活的其他方面带来负面影响。大数据背景下，雇主可能侵犯劳动者隐私的具体环节包括：（1）求职阶段为了了解劳动者而获取的劳动者资料，包括体检报告、既往薪资、婚姻状况等与工作内容不太相关的信息；（2）在工作过程中为避免劳动者进行私人活动或进行损害雇主利益的活动而进行的视频、邮件或定位监督；（3）在劳动者离职后用人单位对劳动者隐私信息的不当保存。[190]

以美国某公司为例，每个员工身上都带着一张信用卡大小的工作卡，

187　夏玉明、石英村：《人工智能发展与数据安全挑战》，《信息安全与通信保密》2020 年第12 期，第 73 页。

188　田思路：《智能化劳动管理与劳动者隐私权的法律保护》，《湖湘论坛》2019 年第 2 期，第 19 页。

189　田思路：《智能化劳动管理与劳动者隐私权的法律保护》，《湖湘论坛》2019 年第 2 期，第 19 页。

190　苏炜杰：《大数据时代我国劳动者的隐私保护：对欧盟和美国立法的借鉴》，《社会科学论坛》2020 年第 4 期，第 145 页。

内置可以发现员工是否在和他人聊天的麦克风、可以追踪到员工所处位置的蓝牙和传感器以及能够记录员工移动轨迹的加速器。[191] 员工卡上的数据将与所对应员工的邮件和日程进行连接，为员工如何度过他们的工作日提供一个完整的情况说明。员工的一举一动都被人工智能记录并且用于与工作相关的指标分析中。据这家公司称，它所服务的财富 500 强企业客户的员工也是这样被数据分析的，不过这些客户能够拿到的只是以团队为单位的数据分析情况，而不是个人的情况。这个例子说明，大数据完全可能过度收集和使用劳动者的个人信息。当雇主的监督行为超过必要的限度，就可能给员工的工作质量甚至个人生活带来负面影响。在使用大数据过程中，如何平衡隐私保护和运用大数据的正当需求将是未来的重大课题。

一项在英国的研究表明，大多数受访者认为他们被老板通过某种方式监视着，2/3 的人认为使用科技进行工作监视会导致不信任或歧视。[192] 此外，大数据甚至可以预测哪些员工可能生病，以及哪些人可能请育儿假。[193] 而这些仅仅是我们目前可以料想到的大数据和人工智能能够采集到的个人数据以及运用这些数据的目的。更令人担忧的前景是，经过培训的算法具有学习能力，那么它很有可能学习并分析其他一些相关信息。在这种情况下，劳动者个人信息在多大程度上可以被雇主或其他主体掌握并用于何种目的将变得难以预测。

191　There Will be Little Privacy in the Workplace of the Future, The Economist, 28 March 2018, accessed February 26, 2021, https://www.economist.com/special-report/2018/03/28/there-will-be-little-privacy-in-the-workplace-of-the-future.

192　Bradley A. Areheart, Jessica L. Roberts and Gina, "Big Data, and the Future of Employee Privacy", *Yale Law Journal*, no.128,（2019）: 713.

193　Bradley A. Areheart, Jessica L. Roberts and Gina, "GINA, Big Data, and the Future of Employee Privacy", *Yale Law Journal*, no.128,（2019）: 714.

二、侵犯劳动者隐私的性别影响

在劳动力市场，女性往往会成为性别歧视的受害者，从而失去就业或晋升等机会。女性面临的职场性别歧视的表现形式众多，而受歧视的原因主要和生育相关。在大数据背景下，雇主很可能通过技术手段掌握女职工的隐私信息，从而在工作相关的决策中予以考量。

雇主在招聘过程中当然会考虑经济效益。经济学界有种观点认为，职场中对男性和女性的区别对待并非出于歧视的原因，而是女性的母职身份会使其自然降低对工作的投入程度，那么在职场的产出效益就会降低。[194]这种常见的本质主义的错误观念颇有市场，也很有迷惑性，因为它常常与个体的主观经验契合。在这种观念的指导下，女性便不符合企业对"理想员工"的期待，也更容易获得负面的绩效评价。[195]而从另一个角度讲，生育确实有经济成本和社会成本，也会对雇主产生一定的影响，只是目前的社会性别体制使得这种成本主要由女性来承担。《人民日报》在 2013 年发表的《单位生育负担是歧视女性首因》一文中就指出，企业在招聘中不倾向于选择女性员工的最大原因是担心女员工的生育问题，有 59% 的女大学生在面试时被问及是否有生育的计划。[196]在中国放开"三胎"的情况下，如果没有法律政策的大力干预，生育歧视只能愈加严重。因此，2019 年，

194　杨菊华、孙超：《论劳动力市场的"性别－母职双重税赋"》，《北京行政学院学报》2019年第 1 期，第 95 页。

195　杨菊华、孙超：《论劳动力市场的"性别－母职双重税赋"》，《北京行政学院学报》2019年第 1 期，第 95 页。

196　胡雅婷：《单位生育负担是歧视女性首因》，《人民日报》2013 年 12 月 5 日第 14 版。

人力资源社会保障部、教育部、全国妇联等九个部门联合发布了《人力资源社会保障部、教育部等九部门关于进一步规范招聘行为促进妇女就业的通知》，禁止雇主在招聘过程中询问女性婚育情况。这一规定将个人信息保护与就业歧视联系起来，正视了招聘中广泛存在的通过获取女性求职者个人隐私实施就业歧视的行为，弥补了我国反就业歧视条款及其在司法实践中的漏洞，具有积极意义。但是这样的规定由于缺乏体系性解决问题的能力，在实践中效果不明显。如果女性生育的经济成本主要通过企业来承担，那么很多企业为了节约人力成本，在招聘时可以通过更为隐蔽的方式过滤掉女性求职者。[197]

　　然而，在大数据背景下，雇主无须直接询问求职者或员工即可能获得用于判断其婚恋、生育、家庭照顾负担等隐私信息。这可能使得现有的反歧视法无法规制和惩罚由此产生的性别歧视。因此，法律需要在规制雇主使用大数据收集劳动者个人信息时具有足够的性别视角，才可能预防和应对这种隐蔽的性别歧视。

三、大数据背景下如何保障劳动者隐私

　　如何防范大数据对劳动者的隐私侵犯是一个全球性的问题。部分国家和地区，如美国和欧洲，已经出台规制大数据对劳动者隐私侵犯的法律法规。例如，早在 2012 ~ 2014 年，美国路易斯安那州、俄克拉何马州、田

---

197 《企业招聘禁问妇女婚育　专家：不乐观 会更加隐蔽》，https://baijiahao.baidu.com/s?id=1626176687505843178&wfr=spider&for=pc，访问日期：2021 年 2 月 25 日。

纳西州、威斯康星州和罗得岛州就相继出台了州一级的法律规定。[198] 这些法律要求不同的大数据利益相关方都应该根据法律相关规定，保护其所掌握的数据，并为此承担责任。几个可能的措施包括：（1）劳动者能够获得删除或修改自己信息的渠道；（2）数据的适用应该在一定的时间范围内进行，超过一定的期限就应该被删除；（3）在进行数据分析之前应该有前置的隐私影响评估机制等。[199]

目前，我国的隐私保护规范主要由《民法典》和《个人信息保护法》等法律法规组成。《民法典》在人格权编专门对个人信息保护和隐私权做了规定。正在立法过程中的《个人信息保护法》和《数据安全法》，将全面规制人工智能时代下个人数据和隐私的范围、数据的归属和权利等相关问题。[200]

在具体制度方面，我们可以在充分考虑自身情况的基础上借鉴其他国家或地区的良好实践。例如，我国香港个人资料私隐公署于 2004 年 12 月发布了《隐私准则》，该准则旨在指导雇主评估其对员工的监视行为是否合理以及在合理的情况下如何才能在管理员工个人数据的情形下确保实践中可以进行与隐私保障相关的申诉。[201] 它包含了对员工进行的基于网络的监视行为，具体包括监视并记录员工的网络检索活动。在关于雇主的责任部分，它规定了雇主应该制定相关的政策并且告知员工这种监测的存在，

198　田野：《劳动法遭遇人工智能：挑战与因应》，《苏州大学学报》2018 年第 6 期，第 63 页。

199　田野：《劳动法遭遇人工智能：挑战与因应》，《苏州大学学报》2018 年第 6 期，第 63 页。

200　张夏明、张艳：《人工智能应用中数据隐私保护策略研究》，《人工智能》2020 年第 4 期，第 83 页。

201　Office of the Privacy Commissioner for Personal Data, Hong Kong, Personal Data（Privacy）Ordinance-Privacy Guidelines：Monitoring and Personal Data Privacy at Work, December 2004, p.3, accessed March 1, 2021, https://www.pcpd.org.hk/english/publications/files/monguide_e.pdf.

同时雇主也应该制定隐私申诉措施以便保障员工的个人隐私。此外，雇主还应该对出于监视员工的目的而进行的个人信息收集与管理承担责任，并且这种法律责任应延伸至代表雇主实施行为的第三方。

国内很多学者也对欧美等国家和地区的数据隐私保护做了很多研究。例如，金晶、丁晓东撰文认为，欧盟的《一般数据保护条例》（General Data Protection Regulations，以下简称 GDPR）等，赋予用户对信息收集、处理和应用等方面的执行权和同意权以及违反规定的求偿权。[202]另外，建立专门人工智能隐私保护机制同样重要。方小川、洪谢怡、朱子慧等认为，从大数据和人工智能设计之初就应将隐私保护技术嵌入，保证用户掌握隐私权相关的内容。[203]2019 年 4 月，欧盟委员会发布正式版的《可信赖人工智能的伦理准则》（Ethics Guidelines for Trustworthy AI），该准则对我国法律规制人工智能方面也具有一定的借鉴意义。

在劳动和信息保障核心制度方面，法律应该注重以下几个因素：（1）合法性，即信息需要从信息主体（劳动者）处获得，或者信息的处理应该由合同或法律义务规范，以服务公共利益、信息主体（劳动者）的重大利益或在符合信息主体（劳动者）权利的情形下维护信息处理者的合法利益；（2）同意，即在获取劳动者信息之前需要获得该劳动者具体、正式且专门的同意；（3）专门限制，即数据收集的目的必须合法且具体；（4）必要性

202　国内也有学者把 GDPR 翻译成《通用数据保护条例》的。国内关于 GDPR 的研究非常多，如金晶：《欧盟〈一般数据保护条例〉：演进、要点与疑义》，《欧洲研究》2018 年第 4 期，第 1–26 页；丁晓东：《什么是数据权利？——从欧洲〈一般数据保护条例〉看数据隐私的保护》，《华东政法大学学报》2018 年第 4 期，第 39–53 页。

203　方小川、洪谢怡、朱子慧等：《基于人工智能视角下的隐私权保护》，《中外企业家》2020 年第 16 期，第 232 页。

和信息最小化，即只收集服务于特定目的的信息并保留必要的时间期限；（5）透明且公开，即主体需要以其理解的形式了解信息收集和处理的途径和内容；（6）个人权利，即主体应该掌握访问这些信息的途径并有更正或删除信息的可能性；（7）信息安全，即收集的信息应该置于保护中以防未经许可的访问、处理、滥用、丢失或损毁；（8）责任，即信息的收集和处理人应该遵守上述原则；（9）有意并默认信息保护，即在最初将隐私保护内置，而不是到后面再添加。[204]

另一个重要的措施是加强利益相关者对劳动者个人数据保护的能力建设。雇主在获取劳动者个人信息的同时应该增强自身对劳动者数据的管理能力，否则很难避免一些有损雇主和劳动者双方利益的潜在风险。此外，企业应该培养员工保障数据安全的意识，并且加强对员工信息的监管，对内部机构或个人违反信息保密的行为进行相应的惩罚。[205]在技术层面，将不同来源的大数据进行合并使用以对传统数据进行补充，使其可以成为未来信息系统的基础。[206]在这样的实践下，基于性别的大数据也是消除性别偏见的重要依据。

此外，公众参与尤其是女性的参与至关重要。女性往往在决策和规则制定中占少数，因此，女性能否获得保护隐私方面的发声渠道也具有重要

204　Jordi Soria-Comas and Josep Domingo-Ferrer, Big Data Privacy: Challenges to Privacy Principles and Models, accessed March 1, 2021, https://crises-deim.urv.cat/web/docs/publications/nonisijournals/912.pdf.

205　焦明芳:《人工智能下的人力资源管理新途径》,《人力资源》2020 年第 20 期, 第 27 页。

206　张夏明、张艳:《人工智能应用中数据隐私保护策略研究》,《人工智能》2020 年第 4 期, 第 77 页。

意义。[207] 大数据更好的发展是为了尊重人权、促进性别平等，因此，将科学和法律结合的过程中融入更多女性的参与将是更好的方式。[208] 总之，人工智能大背景下，劳动者的隐私权保护依赖于有效的法律政策和保护机制，包括雇主的内部约束、能力建设、劳动者自身的隐私保护意识以及女性的参与。

四、小结

大数据的应用对劳动者的隐私保护带来了很大的挑战。而对劳动者隐私的侵犯可能对女性更易造成负面影响，损害其平等就业权利。人工智能在招聘以及职场中的运用使得雇主可以更加便利地获取劳动者的相关信息，也可能实现在职场对劳动者的全景式监视。[209] 这些功能应该引起我们对劳动者隐私权可能受到侵犯的关注。一方面，雇主有权利获取劳动者的个人信息以便对其是否能胜任工作进行必要的了解，或是出于维护公司利益以及提高对员工管理效率的目的而获取一些必要的个人信息；另一方面，哪些劳动者的个人信息是工作需要的并且这类信息的获取、使用和保管等环节是否能够充分保障劳动者的合法权益还需要进一步研究和规制。

就性别平等而言，女性更可能因为雇主对劳动者个人信息的过度收集

207　Data2x，"Big Data，Big Impact？Towards Gender-Sensitive Data Systems"，November 2019，accessed March 1，2021，https://data2x.org/wp-content/uploads/2019/11/BigDataBigImpact-Report-WR.pdf.

208　Data2x，"Big Data，Big Impact？Towards Gender-Sensitive Data Systems"，November 2019，accessed March 1，2021，https://data2x.org/wp-content/uploads/2019/11/BigDataBigImpact-Report-WR.pdf.

209　郭锐:《人工智能的伦理和治理》，法律出版社，2020，第50页。

和不当使用受到损害。因此，如何在人工智能时代保障女性劳动者的隐私对促进职场性别平等至关重要。目前，我国还未建立起能够应对这一问题的法律和机制，需要借鉴他国的良好实践并结合国情进行规制。此外，人工智能的开发者、使用者、企业和员工本身也应该培养隐私保护意识和性别意识，并且建立起有效的预防和追责机制，以避免信息获取、使用等环节产生侵害劳动者隐私的情况。

第三节　人工智能对就业安全权的性别影响

人工智能在各行各业中的广泛应用以及其快速发展的前景引起了人们对人类就业安全的担忧。智能机器人已经开始替代人类部分或者全部的劳动。例如，近年来银行、机场、商场等场所的服务柜台显著减少，很多原来由人工提供的服务都由顾客在智能机器上操作完成，对顾客来说方便快捷，免于长时间的排队等候，对雇主来说节省了大量的人力成本。这些可以感知的变化以及正在如火如荼进行的人工智能开发引起了人们对未来工作方式的想象，并开始忧虑人类最终被机器完全替代而失业的可能前景。这种忧虑并非杞人忧天，自工业革命以来，自动化就在不断以机器代替人类，但同时也在不断制造新的就业岗位。但是对劳动者个体而言，替代的岗位和新产生的岗位通常不会由同一个人来从事，被替换下的劳动者未必能够及时更新职业技能，从事新制造出来的岗位。因此，机器换人必然会使一部分人的利益受损。那么，在人工智能替换人类职业的场景里，女性的工作权会面临何种处境呢？我们该如何应对呢？本节将主要分析智能机器人在职场替代人类劳动的现状和趋势，人工智能对不同行业和不同性别的影响以及未来的应对策略。

一、职场中"机器换人"对人类工作的影响

人工智能的发展对就业领域是一把"双刃剑"。在积极方面，无论男性还是女性都可能在就业中享受到人工智能带来的便利。例如，人们可以在数据处理和体力劳动这样的例行程序和重复性任务中花费更少的时间，从而获得更多时间在高技能领域培养技能。[210] 在消极方面，人工智能的应用意味着未来会有很多人类的工作被机器取代，一部分人因此失业似乎是不可避免的。研究发现，劳动分工过程越快，单一工作过程越多或者处理过程越能够通过细节描述，员工被智能算法替代的速度就越快。[211] 那么，随着人工智能的不断发展，人们是否还可能享有作为工作权的一个重要次级权利的就业安全权？

关于人工智能对就业安全权的担忧主要体现在劳动领域可能出现的"机器换人"导致劳动者失业以及工作模式改变的方面。[212] 需要指出的是，

---

[210] McKinsey Global Institute, "The Future of Women at Work: Transitions in the Age of Automation", 4 June 2019 Report, accessed March 1, 2021, https://www.mckinsey.com/~/media/McKinsey/Featured%20Insights/Gender%20Equality/The%20future%20of%20women%20at%20work%20Transitions%20in%20the%20age%20of%20automation/MGI-The-future-of-women-at-work-Report-July-2019.pdf.

[211] IBA Global Employment Institute, "Artificial Intelligence and Robotics and Their Impact on the Workplace", April 2017, p.14, accessed May 1, 2021, https://www.researchgate.net/profile/Mohamed-Mourad-Lafifi/post/Social_Robots_or_robots.

[212] 翁玉玲：《人工智能时代的劳动法功能调适》，《西安交通大学学报（社会科学版）》2019年第1期，第146页。

并不是所有的人工智能都有替换人类工作的可能性。人工智能也有着不同的技术级别。不同级别的人工智能对人类的就业安全会产生不同的影响。学术界将人工智能分为弱人工智能、强人工智能和超级人工智能三种。[213] 弱人工智能可以完成信息处理工作，例如，语音和图像识别或翻译；强人工智能可以自主学习语言、认知、推理、创新、计划，并与人类产生交互式学习；而超级人工智能则拥有自主思维意识，产生新的智慧群体，并拥有如同人类一样的独立思考能力，具有人类思维。[214] 不同的人工智能等级将对不同的人类技能产生不同程度的影响。这在就业方面会带来深刻的变革。

在处理某些方面的工作时，人工智能与人类相比具备一定的优势。一方面，人工智能不需要享受工资与福利，也没有身体和感情上的需求与压力，可以轻松突破人类的工作时间和耐力的极限；另一方面，人工智能可以深入人类不能触及的地方，甚至是危险区域去解决问题，在很大程度上促进了人类发展。[215] 这些特质使得人工智能在一定程度上具备了代替人类工作的能力，使一部分人在与机器的竞争中失去优势。这样的情况引起了人们对人工智能和人类未来的工作模式的关注。

现实工作中已经不乏人工智能在人类工作领域发挥巨大作用的例子。例如，九寨沟地震后，中国地震网的机器人在震后 18 分钟，用了 25 秒就

---

213 李彦宏等：《智能革命：迎接人工智能时代的社会、经济与文化变革》，中信出版集团股份有限公司，2017。

214 杨婕：《全球人工智能发展的趋势及挑战》，《世界电信》2017 年第 2 期，第 15—19 页。

215 田野：《劳动法遭遇人工智能：挑战与因应》，《苏州大学学报》2018 年第 6 期，第 57 页。

完成了一篇行文流畅、文笔自然、气候与地理知识运用得当的新闻稿。[216]
机器人写稿过程中，人工编辑仅需要提供叙事模板，机器人完成数据识别
与运用以及文章生成。这个例子说明，人工智能可以辅助人类迅速完成核
心业务，并且在其中扮演主要角色。实践中的例子表明，人工智能不仅具
备代替低技能职业的可能性，中技能甚至高技能的职业也都可能被机器取
代。[217] 例如，2016 年 2 月，谷歌无人驾驶机器人所使用的人工智能系统被
美国国家公路安全交通管理局认定为"司机"。[218] 此外，传统的人力资源
的职能，例如，招聘、绩效评价、薪酬管理等都可以被人工智能取代。随
着人工智能技术的不断成熟，人工智能的应用已经不仅局限于简单、重复
性较高的领域，如行政、打字、收银等，更复杂的工作如金融和法律也有
人工智能的身影。[219] 可以预见的是，未来的工作中，人们将不可避免地与
人工智能并肩作战。例如，中国移动的人工智能客服"移娃"为公司节约
了超过 1.1 亿元的成本。[220] 这就意味着有大量职业因为人工智能的存在而
被削减。

随着人工智能的不断成熟与大规模应用，未来的发展趋势是否会使得
很多人工职业被自动化的人工智能取代？关于人工智能对人类就业安全的
影响，目前有悲观和乐观两种主流看法。前者认为，人工智能将在就业总
量和就业结构方面大规模替代人类，对人类就业安全产生消极的影响；后

216　王从烈：《加快推进人工智能劳动法治保障建设的对策研究》，《南京邮电大学学报（社会
科学版）》2018 年第 5 期，第 55 页。

217　云晴：《人工智能与人力资源发展》，《通信企业管理》2020 年第 9 期，第 38 页。

218　云晴：《人工智能与人力资源发展》，《通信企业管理》2020 年第 9 期，第 38—41 页。

219　李晓华：《哪些工作岗位会被人工智能替代》，《人民论坛》2018 第 2 期，第 33—35 页。

220　张海龙：《中国移动智能客服"移娃"：节约成本超 1.1 亿元，识别率超 90%》，http://
www.c114.com.cn/news/118/a1016218.html，访问日期：2021 年 3 月 1 日。

者则认为人工智能在就业总量上短期可能会给人类就业带来深刻的影响，但是从长远看并不足以对就业总量产生严重的消极影响。[221]

悲观主义者可以找到很多人工智能将对人类就业安全产生消极作用的证据。例如，麦肯锡的一项研究指出，到 2055 年，全世界范围 49% 的有酬职位将被人工智能和自动化取代，而印度和中国将受到最大影响。[222]世界经济论坛于 2016 年 1 月发布的报告《未来的工作》预测，人工智能的大规模应用将使 710 万个工作岗位消失，但技术进步带来的新岗位不足以弥补消失岗位数量的 1/3。[223]波士顿咨询公司的研究人员在《迈向 2035：4 亿数字经济就业的未来》中指出，如果劳动力市场被大量的人工智能取代，那么没有掌握技术的工人就可能更加被劳动力市场边缘化。[224]这些悲观主义的看法无一不指向人工智能对现有职业的取代或消灭。这种取代又直接危及了那些人工智能比较容易在短期内代替人类工作的领域，即那些技术含量不高但重复性较强的或者标准化较强的工作。所以说，在一定程度上，人工智能在某些工作内容上取代人类是技术发展带来的必然结果。

从雇主角度看，有些企业已经在用人工智能替代一些劳动力，某些较为成熟的人工智能甚至可能替代一些知识工作者的工作内容。例如，一些原本由法律助理做的工作。未来，人工智能的应用将扩展至更广的领域，

221　中国发展研究基金会、红杉资本：《投资人力资本，拥抱人工智能——中国未来就业的挑战与应对》，https://cdrf.org.cn/jjh/pdf/822.pdf，访问日期：2021 年 3 月 1 日。

222　王君、张于喆、张义博等：《人工智能等新技术进步影响就业的机理与对策》，《宏观经济研究》2017 年第 10 期，第 174 页。

223　World Economic Forum, "The Future Jobs", accessed March 1, 2021, http://www3.weforum.org/docs/WEF_Future_of_Jobs.pdf.

224　阮芳、蔡菁容、张奕蒽：《迈向 2035：4 亿数字经济就业的未来》，https://www.bcg.com/zh-cn/future-of-400-million-jobs，访问日期：2021 年 5 月 2 日。

在物流、医疗和公共事业领域的应用将加深。[225] 有专家认为，如果不进行一些过渡性的方案，那么人工智能大规模的应用在物流领域后，该行业很多非技术性岗位将在十年内消失。[226] 依据这样的预测，很多工作都可以被划分到这一行列，或者不同类型的工作总会有一部分内容能够被归属为这类可被机器替代的类别。按照这样的推理，就业安全受到威胁的岗位将数不胜数。当然实际情况也未必如此。对于劳动者而言，那些本来就处于竞争金字塔底端的人群容易变得更加弱势。在职场处于弱势地位的人，如女性群体，也是这些悲观主义者眼中值得怜悯的群体之一。

乐观主义者则相信人工智能的出现将会为人类就业带来更多机遇，不仅如此，新技术的变革还可能创造出人类目前还无法预见的良好就业态势。有专家分析，人工智能带来的变革会削减一些工作岗位，但是不会消灭工作机会，而从技术进步带来的新机遇而言，目前我们还无法预测将来新出现的岗位会以什么形式和内容出现。[227] 这种乐观的态度认为，未来的工作机会还是可能满足人类的工作需求的，因此不必担忧"机器换人"。正如每次科技革命对就业的影响，技术变革导致技术性或结构性失业是不可避免的，但是其引发的创造性和对就业质量的提升的效应将更加显著。[228] 那么人工智能对就业的影响可能也没有设想的那么消极，因为根据经验研

225　张于喆：《人工智能、机器人的就业效应及对策建议》，《科学管理研究》2019 年第 1 期，第 44 页。

226　罗兰贝格管理咨询公司：《150 万物流人会下岗？罗兰贝格有洞察（下）》，https://www.sohu.com/a/121226730_468626，访问日期：2021 年 3 月 1 日。

227　张于喆：《人工智能、机器人的就业效应及对策建议》，《科学管理研究》2019 年第 1 期，第 44 页。

228　王君、张于喆、张义博等：《人工智能等新技术进步影响就业的机理与对策》，《宏观经济研究》2017 年第 10 期，第 170 页。

究的结果，科技进步导致的劳动节约型技术的应用并没有使得就业总量降低。[229] 乐观主义者也可以找到无数实践例证。麦肯锡全球研究院在 2017 年 1 月发布的报告《人机共存的新纪元：自动化、就业和生产力》认为，当前人工智能仅能够对 5% 的职业产生完全替代作用，且对 60% 的职业的 1/3 以上的工作内容产生替代作用；而从长期看，人工智能将催生目前难以想象的新岗位，因此不会对人类的就业安全产生大范围的消极作用。[230] 乐观主义者的预测更加着眼于长期的变革与创新所带来的不可预期的机遇上。实践中的不少例证也说明了人工智能创造的机遇惠及了人类就业。人工智能和人类智能可以形成互补的模式，通过人工智能弥补人类在技能上的短板，实现人机协作将成为人工智能未来的发展方向。[231] 这方面比较典型的例子有医疗辅助机器人，它们能够为医生提供信息和数据，分析样本甚至制定治疗策略，但无法代替医生进行个体化的治疗。[232] 在德勤公司（Deloitte）组织的关于第四次工业革命带来的影响的访问中，接受访问的行业带头人和专家表示，未来是人机合作的时代，因为所有技能层次的人都将受到技术的影响。[233] 例如，瑞士 ABB 集团亚洲、中东及非洲区总裁顾纯元认为，在第四次技术革命时代，"我们将得益于通过虚拟的方式便能

229　张鹏飞：《人工智能与就业研究进展》，《经济学家》2018 年第 8 期，第 27 页。

230　McKinsey Global Institute, "Technology, Jobs, and the Future of Work", accessed March 1, 2021, https://www.mckinsey.com/featured-insights/employment-and-growth/technology-jobs-and-the-future-of-work.

231　中国信息通信研究院、中国人工智能产业发展联盟：《人工智能发展白皮书产业应用篇（2018 年）》，http://www.caict.ac.cn/kxyj/qwfb/bps/201812/P020181227308307634492.pdf，访问日期：2021 年 3 月 1 日。

232　云晴：《人工智能与人力资源发展》，《通信企业管理》2020 年第 9 期，第 39 页。

233　德勤：《第四次工业革命来临——你准备好了吗？》，https://www2.deloitte.com/content/dam/Deloitte/cn/Documents/cip/deloitte-cn-cip-industry-4-0-are-you-ready-zh-180510.pdf，访问日期：2021 年 3 月 1 日。

获取知识，我们将无须行万里路便能够优化我们的智力，人们将在协同合作的集中化生态系统中工作，并将能灵活选择距离他们想要生活的地方较近的区域工作"[234]。在我国，阿里巴巴集团自2013年开始使用人工智能，并且催生了一系列新的就业机会，而且新增就业规模仍在不断扩大。[235] 人们已经可以从身边的变化中感受到科技催生的新奇而令人不可思议的工作形态。中国人民大学劳动人事学院于2018年3月公布了《阿里巴巴零售电商平台就业吸纳与带动能力研究》，该报告显示：仅2017年，阿里巴巴平台就催生了3681万个就业机会，比2016年增加了将近300万个。[236] 在电商领域，人工智能将直接影响简单重复类劳动，但是会给非程序性工作带来诸多益处。[237] 因此，人类可能从自身调整中适应人工智能的发展，取长补短，促进就业新发展。

不过，乐观主义者并不认为没有人会在这场变革中受消极牵连。有业界人士认为，数字化的运用会加剧就业市场的"两极化"，即作为技能两极的高技能和低技能岗位增多，而中等技能岗位会下降。例如，简单的标准化的办公室工作会被替代。当新的高科技产业出现，IT维护等中层技能工作可能会被大量替代。[238] 无论技术如何改变现有的就业格局，总会出现

---

[234]　德勤.《第四次工业革命来临——你准备好了吗？》，https://www2.deloitte.com/content/dam/Deloitte/cn/Documents/cip/deloitte-cn-cip-industry-4-0-are-you-ready-zh-180510.pdf，访问日期：2021年3月1日。

[235]　中国发展研究基金会、红杉资本：《投资人力资本，拥抱人工智能——中国未来就业的挑战与应对》，https://cdrf.org.cn/jjh/pdf/822.pdf，访问日期：2021年3月1日。

[236]　中国发展研究基金会、红杉资本：《投资人力资本，拥抱人工智能——中国未来就业的挑战与应对》，https://cdrf.org.cn/jjh/pdf/822.pdf，访问日期：2021年3月1日。

[237]　中国发展研究基金会、红杉资本：《投资人力资本，拥抱人工智能——中国未来就业的挑战与应对》，https://cdrf.org.cn/jjh/pdf/822.pdf，访问日期：2021年3月1日。

[238]　云晴：《人工智能与人力资源发展》，《通信企业管理》2020年第9期，第38页。

创新的生存方式与之相适应。在这一过程中必然会出现适应潮流慢的劳动者被淘汰的局面。然而，这种现象也并非只有人工智能才会引起，技术和管理模式的每次革新都可能产生一些"受害者"。从人类历史来看，本身就处于竞争劣势的群体和工作岗位更有可能首当其冲成为"受害者"。

二、人工智能对就业安全权的行业与区域影响

虽然人工智能对就业安全权的影响多样，但是它的发展是一个动态过程，其影响力的广度和深度还很难准确地预测。技术发展一般经历推广、普及和繁荣以及被更高级的技术取代的历程。[239] 人工智能的初期应用与扩张会造成对传统技术的替代并催生新的产业和就业模式；人工技能在普及和繁荣期，替代现象走向尾声，随之带来了新的产业和商业模式与创新，进而创造了新的机会与就业岗位。[240] 这样看来，劳动者就业结构也会随着人工智能的发展趋势而变化，那么在可预见的范围内，人们是可能通过调整劳动者技能来更好地达成劳动者技能和技术的和谐共进。不过，在这个过程中一定会有一部分劳动者陷入被动，换言之，这部分劳动者需要面临与机器竞争失去优势而难以保证其就业安全的局面。

可以预见，在人工智能的推广期，技术创造的新岗位数量有限。在技术发展的普及和繁荣时期，新的就业岗位将会迅速增加，产生就业变革与

239　翁玉玲：《人工智能时代的劳动法功能调适》，《西安交通大学学报（社会科学版）》2019年第1期，第146页。

240　郝英好、王昊、龚振炜：《人工智能对就业安全的影响及应对》，《中国电子科学研究院学报》2020年第10期，第941页。

调整效应。而在技术衰落期，就业量又将呈现下滑的趋势。[241] 过去的十年应该属于人工智能的推广时期，新技术所创造的就业数量有限，新技术所需的专业技术人员匮乏，而人工智能代替劳动力导致的失业问题则更能引起人们的关注。[242] 人工智能对就业总量的影响还难以有确定的答案，因为人工智能的替代效应和创新效应都影响着就业。[243]

技术的发展规律说明人工智能的替代效应并不是固定不变的，它将会是一个流动的过程，人类劳动者会在多大程度上受到消极影响取决于人们如何自我调整和适应。然而可以预料的是，技术变革对不同行业有着不同的影响，对劳动者的就业影响也需要时间来调整和应对。例如，在工作内容上，与 21 世纪初的工作相比，20 世纪八九十年代的工作的程序性较低，不同行业的岗位更新换代的周期也不同；在技术变革对劳动者工资的影响方面，以英国工业革命为例，技术革命后 60 至 70 年工人的工资才得以增长。[244] 这说明了新技术在不同领域和区域对劳动者有着不同的影响。

阿里研究院和中国发展研究基金会共同发布的《人工智能在电子商务行业的应用和对就业影响研究报告》以阿里巴巴平台（天猫和淘宝）为对象，研究分析了人工智能对不同岗位和技术人员的就业影响。[245] 该报告显

241　翁玉玲：《人工智能时代的劳动法功能调适》，《西安交通大学学报（社会科学版）》2019年第 1 期，第 146 页。

242　翁玉玲：《人工智能时代的劳动法功能调适》，《西安交通大学学报（社会科学版）》2019年第 1 期，第 147 页。

243　郝英好、王昊、龚振炜：《人工智能对就业安全的影响及对应》，《中国电子科学研究院学报》2020年第 10 期，第 942 页。

244　张于喆：《人工智能、机器人的就业效应及对策建议》，《科学管理研究》2019年第 1 期，第 44 页。

245　中国发展研究基金会、红杉资本：《投资人力资本，拥抱人工智能——中国未来就业的挑战与应对》，https://cdrf.org.cn/jjh/pdf/822.pdf，访问日期：2021年 3 月 1 日。

示，人工智能对 180 万个岗位产生了影响，这些岗位包括：客服、店面设计、数据分析，并且有 170 万个岗位的工作效率在人工智能的助力下得到了提升，还有 9.6 万个岗位可能被人工智能替代。[246] 另一份报告指出超过八成商家已经采用人工智能技术以提高工作效率，并且在销售额总量、销售额同比增长率和人均销售额上超过未运用人工智能的电商。[247] 关于人工智能对就业的冲击方面，在电商行业的正面影响大于负面影响，因为大部分被替代的人员都成功转岗或调岗。研究数据表明，人工智能对电商从业人员的收入提升产生了积极的效应，其中数据分析员、设计人员和客服人员的收入分别提高了 9.7%、7.7% 和 5.6%。这说明了人工智能在推动生产力和价值创造方面有积极的作用。这些报告也向我们展现了人工智能对人类就业可能产生影响的一些更直观的细节。我们需要更多类似的报告以有助于我们更好地作出评估和采取应对措施。

另外，人工智能对不同国家和地区的影响也是不一样的。例如，发展中国家的教育水平和职业培训水平相对较低，劳动力结构中低技能工人占比较大。低技能工人本身可以获得学习技术的机会和资源以及在这场变革中的再就业能力确实会面临更多的困难。这样的话，自身掌握较少就业技能、资源和机会的工人就可能在这场变革中拉大与掌握优势就业资源与技能的人的差距，并且削弱他们在就业市场中的竞争力。

相对而言，已有研究显示工业化国家如瑞士、荷兰、新加坡、美国已

246　中国发展研究基金会、红杉资本：《投资人力资本，拥抱人工智能——中国未来就业的挑战与应对》，https://cdrf.org.cn/jjh/pdf/822.pdf，访问日期：2021 年 3 月 1 日。

247　IBA Global Employment Institute, "Artificial Intelligence and Robotics and Their Impact on the Workplace", April 2017, p.15, accessed May 1, 2021, https://www.researchgate.net/profile/Mohamed-Mourad-Lafifi/post/Social_Robots_or_robots.

经做好应对第四次工业革命的准备。[248] 不过，劳动力成本高的工业化国家在第四次工业革命中的变革也会影响到劳动力成本低的发展中国家的低成本劳动力就业。例如，西方企业外包在中国、印度等劳动力成本较低的国家进行生产的企业通过自动机器人生产以减少对劳动力的需求时，这些发展中国家的低技能劳动者就可能因此失业。[249] 国际劳工组织的研究也表明，发达国家通过自动化将生产回流也会对中等及低收入国家的就业产生消极影响。[250] 不过自动化在这一领域对中国的影响正在降低。原因是，自20世纪70年代，发达国家将中国视为首选的低成本外包国家的局面已经开始改变，全球供应链新趋势显示，随着在中国生产成本的增加，不少国家已经将关注点放在了墨西哥等成本更低的国家。[251] 牛津大学一项2016年的研究指出，美国的劳动力成本仅比中国高4%。[252]

248　IBA Global Employment Institute："Artificial Intelligence and Robotics and Their Impact on the Workplace"，April 2017，p.15，accessed May 1, 2021, https://www.researchgate.net/profile/Mohamed-Mourad-Lafifi/post/Social_Robots_or_robots.

249　IBA Global Employment Institute："Artificial Intelligence and Robotics and Their Impact on the Workplace"，April 2017，p.16，accessed May 1, 2021, https://www.researchgate.net/profile/Mohamed-Mourad-Lafifi/post/Social_Robots_or_robots.

250　Francesco Carbonero, Ekkehard Ernst and Enzo Weber，"Robots Worldwide：The Impact of Automation on Employment and Trade"，2018，ILO，p1，accessed March 1, 2021, https://www.ilo.org/wcmsp5/groups/public/---dgreports/---inst/documents/publication/wcms_648063.pdf.

251　Tetakawi：《中国不断上涨的成本迫使制造业向墨西哥转移》，https://insights.tetakawi.com/zh-hans/rising-costs-in-china-manufacturing-to-mexico，访问日期：2021年3月1日。

252　中华人民共和国外交部驻香港特别行政区特派员公署：《牛津研究报告：中国劳动力成本仅比美国低4%》，http://www.fmcoprc.gov.hk/chn/zt/gjfz/t1348937.htm，访问日期：2021年3月1日。

三、人工智能对就业安全权的性别影响

整体而言，女性在劳动力场所享有的就业安全权要低于男性，因此在大规模裁员来临时，女性劳动者往往首当其冲。无论是悲观主义者的论断还是乐观主义者的预测，人工智能的发展必然会冲击到竞争劣势者的就业安全权。就目前的经验来看，人工智能对不同的行业有不同的影响，其中对服务业和制造业的变革和作用要更为深刻，但同时人工智能也创造了很多新的就业模式。

不同行业的女性面临的挑战也不尽相同。在一项关于人工智能对就业安全的影响的课题中，研究人员进行了全国网络调查，并最终收到了 1154 份覆盖全国大多数省份且有行业代表性的有效样本，结果显示有超过 26% 的劳动者认为人工智能对自己所处的行业带来大的冲击，而细分数据显示女性所受到的影响要大于男性。[253]

在这项调查中，就自己是否担心被人工智能淘汰的问题，35.79% 的劳动者表示担心，这其中女性比男性更担心被淘汰。在收入变化方面，有 23.92% 的受访者担心自己的收入会降低。这项调研的一项重要结论是：知识与技能储备越多、复杂性越强、思考性越强的劳动者越不容易感受到人工智能的威胁。虽然大部分受访者并不认为自己的就业会受到人工智能的消极影响，但是表示担忧的受访者也不在少数。不过，受访者的普遍看法

253　郝英好、王昊、龚振炜：《人工智能对就业安全的影响及应对》，《中国电子科学研究院学报》2020 年第 10 期，第 938 页。

是人工智能还处于技术应用开始与扩张时期，还没有被普及，也有受访者认为自己所处的行业人工智能的作用在衰退。这些数据显示人工智能的应用给部分劳动者带来了就业不稳定感，而职业稳定感也是就业安全权的一个内容。但这是一种主观焦虑和担忧，本身并不足以说明人工智能对其所处行业人员的就业威胁程度。目前，我国基于行业细分的专业调查仍然不足，因此，人们对人工智能对所有行业或者大部分行业的女性的影响还缺乏足够的数据分析和实证研究。

　　然而，很多现有研究或者实践证明了女性会更加担心自己的工作受到人工智能的消极影响。这样的担心并非杞人忧天，而是基于女性在劳动力市场的个人经验作出的判断。相对于男性，在竞争中处于下风的女性更容易成为人工智能替代人工的"受害者"。例如，在东南亚地区，受新技术影响而失业的女性数量比男性更多，女性获得新技术岗位的概率也低于男性。[254] 那些容易被取代的职业的特征为：有固定规则的和标准答案的工作岗位。[255]2018 年 10 月，国际货币基金组织发布的研究显示，"平均而言，在所有行业和职业中，女性执行的任务比男性的任务更常规，更容易被自动程序取代"[256]。导致这样的局面的原因有很多，例如，很多地区，包括工业化国家，女性在科技、工程和技术方面的知识和技能积累远远不及男性。当然，这里要排除本质主义的观点，即认为女性天生不适合从事

　　254　郝英好、王昊、龚振炜：《人工智能对就业安全的影响及应对》，《中国电子科学研究院学报》2020 年第 10 期，第 941 页。

　　255　张成岗：《人工智能时代：技术发展、风险挑战与秩序重构》，《南京社会科学》2018 年第 5 期，第 49 页。

　　256　郝英好、王昊、龚振炜：《人工智能对就业安全的影响及应对》，《中国电子科学研究院学报》2020 年第 10 期，第 941 页。

科技类工作，或有些工作就是"男性工作"，有些工作就是"女性工作"之类的性别标签。如本书第一章分析的，造成这样性别行业隔离的原因是社会性的、结构性的，是女性所处的不平等的整体处境的结果。中国的情形也符合这一特点。例如，智联招聘发布的《2018年中国女性职场现状调查报告》显示，女性从事的职业大多集中于行政、后勤、文秘、销售、财务会计、审计、人力资源等重复性和常规性较强的领域，更容易被人工智能代替。[257]

关于人工智能对就业的性别影响，还有另外一种较为积极的预测，即在这场就业结构变革浪潮中，女性并不一定比男性更加脆弱，这种观点认为最核心的问题在于行业冲击而非性别冲击。例如，麦肯锡公司在2019年对加拿大、法国、德国、日本、英国、美国、中国、印度、墨西哥和南非这十个国家的医疗、教育和金融行业进行了关于失业、新增岗位、被改变的工作以及工作过渡方面的研究。研究结果发现，男性和女性在就业方面面临相似的影响，但是冲击的领域不同。例如，到2030年，失业女性和男性比例分别为20%和21%，而女性和男性可获得的新增岗位比例分别为20%和19%。[258]从这组数据来看，人工智能对女性就业的影响总体上也许并不比男性劳动者群体大很多。

麦肯锡报告指出：在成熟的经济体下，女性从事的工作领域，有平均

257　曾显荣：《人工智能时代女性就业面临的机遇与挑战》，《经济师》2019年第7期，第39页。

258　McKinsey Global Institute，"The Future of Women at Work：Transitions in the Age of Automation"，4 June 2019 Report，p.vi，accessed March 1，2021，https://www.mckinsey.com/~/media/McKinsey/Featured%20Insights/Gender%20Equality/The%20future%20of%20women%20at%20work%20Transitions%20in%20the%20age%20of%20automation/MGI-The-future-of-women-at-work-Report-July-2019.pdf.

15%的职位与机器操作相关，而超过70%的工作是文职类；在新兴经济体下，这两项数据分别为25%和40%。在这项研究所涉及的十个国家中，有九个国家的医疗和社会救助领域拥有超过70%的女员工，但是很多国家的女性在建筑和生产领域分别占不到15%和大约30%的比例。由此人工智能对性别的影响还要结合行业和地区来看。这也是当我们讨论性别议题时要特别注意导致性别差异的交叉性的原因，因为如果只是单一地考察性别的差异很可能会一叶障目，无法获得全面的解释。

女性长期遭受的历史性就业歧视并未被消除，而且长期形成的格局已经影响到女性在就业变革和冲击中的竞争力。包括目前在行业和工作岗位中的技能方面存在的巨大性别差距也是历史性的性别歧视所造成的。上述麦肯锡报告预测：到2030年，全球将有4000万至1.6亿的女性需要在人工智能时代转变自身工作技能，通常是向更高端的技术水平发展。

虽然在这场技术变革中，男性和女性都需要技能的转变与适应，但是女性会面临比男性更多的困难。与男性相比，有更多的女性从事着低薪、低技能职业，有些女性将面临被就业市场永久淘汰的风险。而社会长期的机制也使得女性更难在这场变革中实现职业转变。人工智能对女性整体而言，既蕴含机遇，也充满挑战，如果能够抓住机遇，女性将迎来就业方面的进步与跨越。相反，不能适应新浪潮的女性将在就业中面临更大的薪水差距，面临更艰难的处境。女性在适应与转变技能方面面临的困难包括但不限于以下几个方面：（1）由于女性从事无酬照顾劳动的时间比男性多得多，因而花在职业技能提升方面的时间和精力远不如男性；（2）由于法律、基础设施和人身安全方面的风险，女性进行出差等移动类工作比例更低；（3）由于性别的数字鸿沟，女性在技术技能掌握以及技术领域事务方面的参与度要比男性低很多;(4)女性在决策层面的话语权比男性低很多,转型过程中的就业应对政策可能以男性经验为主导,不利于女性劳动者。[259]

对于女性自身来说,要在人工智能时代保障自己的就业安全需要通过高等教育、继续教育以及职业培训来获得新技能以维持现有工作并抓住新的工作机遇。这就需要女性对人工智能行业发展趋势有所了解,以便找到自己的优势行业和岗位。人工智能对中国就业市场的影响而言,从重复性和程序化程度考虑,第一产业和第二产业更容易被人工智能取代,第三产业受影响的可能性较小。[260]女性在择业过程中可以在第一产业、第二产业避免从事程序化和重复性工作或者将目光放在第三产业。

就目前中国的市场发展和应用而言,短期内体力劳动类与认知程序类的工作可能会受到很大的冲击,非程序性工作则会从中受益。在这样的就业结构调整过程中,那些具备创造性、推理性、灵巧性和共情能力的工作将是机器较难替代的。2017年秋季,互联网和电子商务领域招聘岗位最多的是数字技术岗,例如,软件、互联网开发,系统集成,客服,售前、售后技术支持,互联网产品、运营管理等。麦肯锡全球研究所基于对700多种岗位被人工智能取代的可能性做了研究,结果发现一种工作是否可能被人工智能取代受三个因素影响:(1)是否需要社交;(2)是否要求具备创

259　McKinsey Global Institute, "The Future of Women at Work: Transitions in the Age of Automation", 4 June 2019 Report, p.79, accessed March 1, 2021, https://www.mckinsey.com/~/media/McKinsey/Featured%20Insights/Gender%20Equality/The%20future%20of%20women%20at%20work%20Transitions%20in%20the%20age%20of%20automation/MGI-The-future-of-women-at-work-Report-July-2019.pdf.

260　中国发展研究基金会、红杉资本:《投资人力资本,拥抱人工智能——中国未来就业的挑战与应对》,https://cdrf.org.cn/jjh/pdf/822.pdf,访问日期:2021年3月1日。

造力;（3）是否需要感知与创造力。[261] 当然,这是在超级人工智能还未被
创造出来之前,未来并非完全可以被人类所预期。

当然,这样整体性的转变并非女性一个群体的自我努力就可以实现
的,它需要整个社会的资源投入,尤其是国家法律和政策的支持。2017年,
国际机器人联合会（International Federation of Robotics）指出,中国在未
来会是机器人制造和应用的主要国家,并会因此促进就业。[262] 这场技术革
命作为重塑就业结构的机遇,也将成为推进性别平等难得的契机。根据历
史经验,技术革命不是造成失业的主要原因,经济危机、政策应对效率低
下、消费习惯的改变、国际竞争等综合作用才是导致劳动者就业受到威胁
的诱因。[263] 但是人工智能的出现可以作为一个风向标,提醒人们对政策、
工作方式和竞争力进行调整。在应对这场变革的调整过程中,对女性发展
的更多关注将有利于赋权处于弱势的女性。

四、如何应对人工智能对妇女就业安全权的影响

人工智能对人类的挑战是深远的,人工智能发展的目标应该是为人类
服务而不是使人类陷入困境。但是, 如果任由资本推动人工智能无序发

261　McKinsey Global Institute, "The Future of Women at Work: Transitions in the Age of
Automation", 4 June 2019 Report, p.vi, accessed March 1, 2021, https://www.mckinsey.com/~/
media/McKinsey/Featured%20Insights/Gender%20Equality/The%20future%20of%20women%20at%20
work%20Transitions%20in%20the%20age%20of%20automation/MGI-The-future-of-women-at-work-
Report-July-2019.pdf.

262　International Federation of Robotics, "The Impact of Robots on Productivity, Employment
and Jobs", accessed March 1, 2021, https://ifr.org/papers.

263　翁玉玲:《人工智能时代的劳动法功能调适》,《西安交通大学学报（社会科学版）》2019
年第1期, 第146、148页。

展，则人工智能对人类，尤其是妇女等弱势群体的影响确实会令人担忧。政府、企业和劳动者需要共同应对这场技术变革。

在保障妇女就业安全权方面，国家是主要的义务主体，应该起主导作用。国家的政策需要更加注重纠正社会长期形成的父权制观念和不利于性别平等的制度障碍，例如，通过增加对妇女的培训，允许妇女在无酬和有酬工作之间进行转换，保障妇女的劳动流动性，提升妇女在科技领域的参与度和领导角色。政策制定者也应该有意识地利用大数据分析并作出有利于女性就业安全的决策。例如，通过专门的调查，大数据可以为社会描绘出经济和社会活动中性别领域的详细状况，包括就业和科技领域。[264] 大数据提供的性别分类数据可以与传统的统计方法相结合，分析出更加详细精准的女性就业状况。总之，人工智能的应用包含了多方面可以促进性别平等、保障女性就业安全的机遇，关键在于政策如何调整，包括如何激励企业去开发这些潜能。在人工智能不可避免地要替代一部分劳动力的情况下，国家应该有针对性地完善社会保障体系。例如，利用大数据对就业信息进行追踪，特别关注女性等就业弱势群体的状况，对不同的群体进行精准分析，制定相应的就业促进制度与失业保障制度。[265] 因此，完善社会保障制度将有助于帮助女性应对人工智能对就业安全的消极影响。

一方面，从整体上提高人类社会应对人工智能发展对就业的冲击有助于妇女的就业安全。可以考虑的措施包括提升全民的"数字化"素质，倡

---

264 Data2x，"Big Data，Big Impact？Towards Gender-Sensitive Data Systems"，accessed March 1，2021，https://data2x.org/wp-content/uploads/2019/11/BigDataBigImpact-Report-WR.pdf.

265 程承坪、彭欢：《人工智能影响就业的机理及中国对策》，《中国软科学》2018 年第 10 期，第 70 页。

导终身学习，推动人才技能转型[266]，加强对灵活就业劳动者的保障，建立灵活的就业劳动关系、适应灵活就业的社会保障模式，通过配额制度保证人工智能与人类就业比例保持在一定的范围内，保障劳动者就业；运用人工智能与人类工作时间形成互补，缩短劳动者的工作时间，同时保障劳动者的休息休假制度；推进人工智能牵头的产业模式，创新就业机制等。[267]

另一方面，从企业社会责任的角度来看，在使用人工智能提高效益时，企业需要有意识地承担起促进性别平等的责任，并采取相应的措施。例如：（1）营造长效学习和协作的文化，协助员工应对人工智能时代的冲击；[268]（2）加强人工智能知识和技能方面的教育与培训，储备专业人才，提升女性在人工智能行业的参与度；（3）完善失业人员再就业培训，减少人工智能替代效应和就业技术极化现象，并鼓励与人工智能相关的创业等。[269]另外，麦肯锡的研究表明，那些体现性别多元化的公司要比没有这样的文化的公司运营得更好且收益更高。[270] 这为企业制定性别相关的政策指明了新方向。此外，企业应该充分发挥人工智能在电商行业创造就业机会的前

---

[266]　中国发展研究基金会、红杉资本：《投资人力资本，拥抱人工智能——中国未来就业的挑战与应对》，https://cdrf.org.cn/jjh/pdf/822.pdf，访问日期：2021 年 3 月 1 日。

[267]　王从烈：《加快推进人工智能劳动法治保障建设的对策研究》，《南京邮电大学学报》2018 年第 5 期，第 60 页。

[268]　德勤：《第四次工业革命来临——你准备好了吗？》，https://www2.deloitte.com/content/dam/Deloitte/cn/Documents/cip/deloitte-cn-cip-industry-4-0-are-you-ready-zh-180510.pdf，访问日期：2021 年 3 月 1 日。

[269]　程承坪、彭欢：《人工智能影响就业的机理及中国对策》，《中国软科学》2018 年第 10 期，第 69 页。

[270]　McKinsey Global Institute, "The Future of Women at Workplace: Transitions in the Age of Automation", p.vi, accessed March 1, 2021, https://www.mckinsey.com/~/media/McKinsey/Featured%20Insights/Gender%20Equality/The%20future%20of%20women%20at%20work%20Transitions%20in%20the%20age%20of%20automation/MGI-The-future-of-women-at-work-Report-July-2019.pdf.

景，提升现有人员的工作技能，培养复合型人才，将工人的实践经验和数据结合，调整传统岗位，实现现有人员升级。[271] 与之相对应，劳动者也需加强把自己培养成为复合型人才的意识，即掌握岗位核心技能的同时也掌握人工智能技术，让人工智能成为自己职业发展的助力。[272] 教育行业也应该做好准备以应对人工智能的发展。

五、小结

人工智能在职场中的应用越来越广泛，现实生活中人工智能部分或完全替代人类工作的情况也引发了人们对人工智能可能损害人类就业安全权的担忧。目前的研究结论大致可以分为两种：一种是认为人工智能会对人类工作带来威胁的悲观派；另一种是认为人工智能会消灭一些工作，但也会创造出更多新就业机会的乐观派。现有研究提供了很多能够支持这两派观点的数据和例子。的确，无人驾驶、自动语音对话机等都说明了人工智能替代人力资本的潜力。而平台经济和新媒体的崛起又为人们打开了新的就业前景。总的来说，人工智能的发展可能将更好地辅助人类的工作，然而要实现人类和机器人的和谐发展就必须主动干预，引导人工智能向有利于人类而不是损害人类的方向发展。

就性别而言，由于父权制社会下女性的传统弱势地位，女性比男性在面临人工智能发展的负面影响时会更加脆弱，因而需要国家通过法律和政

---

[271] Bernadette Smith, Rhodes Perry, "The Powers and Pitfalls of Artificial Intelligence", *Workforce Solutions Review*, October-December 2018, p.39.

[272] 焦明芳：《人工智能下的人力资源管理新途径》，《人力资源》2020 年第 20 期，第 26 页。

策从促进性别平等的角度干预人工智能的发展。女性也比男性更需要科技赋能和技能转变，提高在人工智能时代的就业能力，才能更好地享有就业安全权。结构性的社会资源的不平等导致在科技领域的女性从业者人数严重少于男性，女性掌握技术能力方面总体上也更加薄弱，所以女性更需要政策的关注和资源倾斜。另外，人工智能对性别的影响还需结合行业、地域等其他交叉因素来讨论，不能单一地看待性别议题。国家需要支持更多的交叉研究以更好地制定应对策略。而大数据结合传统的性别分类数据统计也会有助于国家更为精准地了解人工智能对妇女就业的影响。

第三章　平台经济与女性劳动者

2020年5月23日，习近平总书记在全国政协经济界联组会上指出"新就业形态"中最突出的就是劳动者法律保障问题，要及时跟上研究，把法律短板及时补齐，在变化中不断完善。[273] 发展"新业态"是"六保"中保居民就业的重要途径，对于广大女性劳动者来说既有机遇也有挑战，而法律政策需要在对这些机遇和挑战充分研究的基础上，做好新业态下的性别平等，积极保护女性劳动者的正当权益。

新业态提供的主要是以互联网为业务获取平台的、无固定合同模式的，以临时性和弹性工作等灵活形式为主的就业机会。业界普遍关注到了平台经济在内的新业态工作时间的灵活性、工作内容的临时性、劳动者的

273　张晓松、邹伟、谢环驰:《全国政协经济界联组会上 总书记这样说》，http://finance.china.com.cn/news/special/lianghui2020/20200523/5280520.shtml，访问日期：2021年6月1日。

自主性等特点。但是，新业态具有的一个经常被忽略的特征是包容性，这种特征改变了特殊群体的就业，弱化了性别等经常遭受歧视的身份因素对就业的影响。

有不少人认为，女性具备的一些特质使得女性在平台型零工经济的就业中具备竞争优势。解释平台经济对女性利好的一种视角体现为，平台型零工经济较传统经济更加符合女性的需求。平台型零工经济所提供的就业机会因其灵活性、自主性特征，有利于女性平衡家庭和工作。据此，很多观点认为，平台型零工经济能够为女性提供更多的机会，促进女性就业，进而推动就业乃至更广泛领域中的女性赋权和性别平等。相反的观点则从职业性别隔离、收入差距、文化规范、劳动保障等方面提出质疑，认为平台型零工经济对女性就业机会的积极影响，特别是相较于传统经济的进步是有限的。

为了探究平台经济中的女性劳动者的工作状况以及平台经济对促进性别平等方面的作用，本章将分五节分别讨论：（1）平台经济赋予女性的新机遇；（2）平台经济与就业歧视；（3）平台就业与家庭平衡的迷思；（4）女性与数字鸿沟；（5）法律与政策如何回应平台经济。

第一节　平台经济赋予女性的新机遇

近几年，平台经济让更多女性创业者和成功者展现在大众的视野面前。因此，有人认为平台经济可能是女性打破性别偏见、成就自我的时代。然而，深入平台经济内部，在其光鲜的外表下还有很多不为人知的特点。女性在其中的付出与回报也有更多值得研究讨论的地方。本节将探讨平台经济的发展给女性带来的机遇、女性在平台就业中的"优势"以及其中的问题和应对。

一、平台经济的发展给女性带来的机遇

平台经济中的"平台"在经济活动中扮演媒介作用。无论是银行、证券公司，还是购物中心或贸易市场，它们产生的经济活动都是我们熟知的传统平台经济。而互联网、人工智能和大数据推动着新兴平台经济已经到来。[274] 本书讨论的平台经济指的是互联网时代下的新兴平台经济。在不同的语境下，"平台经济"也可能被称为"零工经济"或"共享经济"。平台经济的特征是免费提供平台和服务，当流量和人气聚拢后增值收费的运作模式。[275]

平台经济的参与者众多，其中包括消费者、卖家、劳动者、程序员和创办者。平台经济因此涵盖到受雇于平台企业的人、为平台企业提供各种工作的人、买卖或交易服务或商品的人。[276] 平台型零工经济下的就业机会是"以互联网为业务获取平台的、无固定合同模式的、临时性和弹性工作等灵活形式为主的"就业机会。它包含了电商、网约车、文娱、社交、工具、门户、互联网金融、共享、服务、技术和物流以及未来可能通过该平

---

[274] 阿里研究院、德勤研究：《平台经济协同治理三大议题》，第4页，https://www2.deloitte.com/cn/zh/pages/technology-media-and-telecommunications/articles/three-issues-of-platform-economics-cooperative-governance.html，访问日期：2021年3月5日。

[275] 张怡、蒋昀芝：《浅析互联网平台经济与社会结构》，《学理论》2015年第7期，第106页。

[276] Naomi Cahn, June Carbone and Nancy Levit, "Discrimination by design？", *Arizona State Law Jounral*, p.1, accessed March 1, 2021, https://arizonastatelawjournal.org/wp-content/uploads/2019/05/Cahn-Carbone-Levit-Final.pdf.

台衍生出更多形态的经济形势。[277] 平台经济已经成为生活中必不可少的一部分，并在诸多方面影响着我们的生活，而对参与其中的劳动者的影响更是全方位的。

国际劳工组织发布的《2021年世界就业和社会展望》报告显示，全球的数字化劳动平台在过去的十年期间增长了五倍。[278] 这项报告对世界各地12 000名工人和85个企业进行了调查和访谈，发现平台经济为妇女等被传统劳动力市场边缘化的人提供了新的机遇。《2019阿里巴巴全球女性创业就业研究报告》也声称，数字经济的准入门槛低，其"环境更加中性"，这将更有利于女性获得更多的就业机遇以及发挥自己的能力。[279]

在中国，平台经济已经对人们的生活产生了深远的影响。2020年，中国微信用户达到12亿人，支付宝用户达到10亿人，淘宝用户达到8亿人。[280] 这为平台经济的运作和发展提供了巨大的市场和潜力。2019年，我国平台经济市场交易额达到了32 828亿元，比2018年增长了11.6%。[281]2019年底，我国平台企业有员工近716万人，并且每年平台企

277　阿里研究院、德勤研究：《平台经济协同治理三大议题》，第4页，https://www2.deloitte.com/cn/zh/pages/technology-media-and-telecommunications/articles/three-issues-of-platform-economics-cooperative-governance.html，访问日期：2021年3月5日。

278　联合国：《国际劳工组织最新报告深度解读数字化劳动力平台》，https://mp.weixin.qq.com/s/3YXj1qhOfBv3G09a8nT–xQ，访问日期：2021年3月5日。

279　中华女子学院、阿里研究院：《2019阿里巴巴全球女性创业就业研究报告》，第4页，https://www.startupgrouphk.com/wp-content/uploads/2019/11/2019全球女性創業就業研究报告.pdf，访问日期：2021年3月5日。

280　任晓宁：《互联网平台经济进入强监管时代》，《宁波经济财经观点》2020年第12期，第37页。

281　国家信息中心：《中国共享经济发展报告（2020）》，第1页，http://www.100ec.cn/detail--6547821.html，访问日期：2021年3月1日。

业新增就业人口大约占城镇年新增就业人口的 10%。[282] 可见，平台经济已经为人们的生产和生活带来巨大效益，也催生了就业结构的转变。

学术界尝试着对平台型零工经济下的就业机会进行分类。按照就业机会所依托网络平台的业务内容进行分类，认为平台经济包括共享平台类、电商平台类和新媒体平台类。[283] 也有观点认为它应该包括"自己作为主体拥有资源、技术或核心卖点"的类型、为网络平台经济提供服务的类型以及服务于网络平台带动的实体经济的类型。[284] 阿里研究院基于阿里就业生态，将平台经济就业机会按照"传统－新型"和"直接－衍生"的两种维度划分为四种，其中"传统"是指商家等原有就业形式；"新型"为平台诞生后的新就业、新职业形式，如"主播""直播包装师"；"直接"是指直接连接到平台上的各类就业形式，如外卖送餐、菜鸟裹裹等；"衍生"则为平台拉动的上下游职业形式。

很多女性利用平台经济快速发展的态势在这场变革中彰显了女性劳动者的力量。近几年，被人们熟知的销售界女性"网红"就是典型的通过平台经济成功或成名的。例如，李子柒作为平台经济的成功者的代表，通过自己制作的古风美食小视频在国内新媒体平台有超过千万名的粉丝，并以"东方美食家"的身份在西方视频平台 Youtube 获得超过 750 万名的粉丝，

282　肖红军、阳镇、姜倍宁：《平台型企业发展："十三五"回顾与"十四五"展望》，《中共中央党校（国家行政学院）学报》2020 年第 6 期，第 114 页。

283　何勤、王琦、赖德胜：《平台型灵活就业者收入差距及影响机制研究》，《人口与经济》2018 年第 5 期，第 1-9 页。

284　王崧樾：《试论网络平台经济与女性就业的关系》，《劳动保障世界》2019 第 33 期，第 24 页。

她的网店年销售额过亿元。[285] 当然还有直播售货的薇娅。这与平台经济自身的特点有直接关系。

平台经济下的就业门槛较低，女性更易获得就业机会。这里的"门槛"既包括信息搜寻成本、资源获取成本、工作匹配效率等与信息技术相关的内容，也包括劳动者的学历、工龄、职称等，还包括就业的学习成本或启动资金。平台经济对劳动者的需求量大，准入门槛不如传统经济那么高，所以女性有更多可能突破传统的性别偏见获得就业的机会。而平台的运营方式更加扁平化，比传统经济中的科层制管理体系对劳动者的管理要简单许多，因此女性更有可能避免受到传统管理机制的性别歧视从而获得成功。网络平台经济为女性提供了自己成为创业主体、在网络平台公司就职、在受平台经济带动的实体经济中就职三种主要就业方式。同时，跨境电商也为女性创业及就业开辟了一条国际化道路，并以技术手段辅助女性店主打通国际销售渠道。此外，平台经济的就业机会还具有"多元性"特征，包括多元的行业、领域、工作内容、工作方式等。这些灵活自主等特点更加符合部分女性劳动者的需求，客观上有利于女性兼顾工作与家庭照顾的责任。

值得注意的是，在平台经济中，女性整体情况可能比少数成功者展现出来的积极局面要复杂得多。例如，在电商直播行业，大多数平台的流量都向大主播集中，形成了大小主播流量"八二"分的局面，拥有顶级流量的主播

285　沈淼、相欣、诸未静：《年收入超 5 亿？揭秘 90 后网红李子柒背后的商业版图》，https://finance.sina.com.cn/chanjing/cyxw/2019-12-23/doc-iihnzhfz7756798.shtml，访问日期：2021 年 3 月 5 日。

更容易获得资源倾斜，而小主播直播却门庭冷落。[286] 成功者的可见度要明显高于其他人，有可能造成女性在平台经济中容易获得成功的一种错觉。

因此，女性在平台经济中的高参与度究竟在多大程度上可以实质性地扭转与男性的差距还有待进一步研究论证。但可以确定的一点是，平台经济确实为女性提供了更多的机遇和资源，并且打破了一些传统规则对女性职业发展的束缚。

二、女性在平台就业中的"优势"

有研究指出女性在平台经济中比较占据优势的领域有：需要渠道和货源的网络商家店主、网络直播销售主播；可以提供平台服务的客服、技术维护人员、培训师或平台经济与实体经济结合产生的岗位，网红店面的实体店及其支持性行业等。[287] 平台经济为女性可涉足行业的扩展创造了更多的价值。2017 年的数据显示，阿里巴巴零售平台中的女店主占比 49.4%，交易规模占总交易额的 46.7%。[288] 这样的成绩离不开平台经济在准入方面的低门槛。例如，天猫平台的女性店铺平均启动资金约为 20 万元，而实体店的工商业注册资金平均需要 500 万元以上。[289] 较小的启动成本照顾了

---

286 陈晓霞:《电商直播平台女性创业者成长绩效影响因素研究：以义乌北下朱村为例》,《商展经济》2020 年第 8 期，第 24 页。

287 王崧樾:《试论网络平台经济与女性就业的关系》,《劳动保障世界》2019 年第 33 期，第 24 页。

288 阿里巴巴集团:《阿里巴巴平台生态就业情况汇报》,《中国就业》2017 年第 11 期，第 39 页。

289 仪征妇联:《关于"互联网+"时代女性创业者发展现状及思考》, http://fl.yizheng.gov.cn/yizheng_fl/dysk/202006/e4d1791b9a4f4c859a78dbe2e7d9197b.shtml, 访问日期：2021 年 3 月 5 日。

那些缺乏雄厚资金的女性创业者。这些事实都表明，女性在平台经济中的价值得到了发挥，而且平台经济也为女性就业提供了更加优惠和友好的条件。

在服务行业，女性被认为更加关注细节也能够更敏锐地把握客户需求。认为平台经济"对女性更友好"的观点认为，女性更多的感性、多元化思维与互联网形成了优势互补的格局，因此女性要比男性更适合互联网创业。[290] 这个观点可能主要出于对平台经济从业者的直观感受，是否科学当然值得商榷和进一步审视。一个典型的大量女性从事的平台行业是电商直播行业，通过"内容种草"和即时互动激活了用户的感性消费。[291] 平台经济让女性的感性价值得到放大与增值。"网红"主播们在美妆、服饰、食品、珠宝和家电等行业越来越受到电商品牌的青睐。在 2019 年"双 11"期间，薇娅销售额超过 27 亿元。[292] 现象级的数字背后有很大一部分价值链条由女性推动运转，特别是在直播间直接与粉丝们互动的带货女性销售主播们。而后面的决定性原因可能是平台经济的主要消费者以女性居多。在面对女性消费者时，商品和服务的提供者如果同样是女性的话，由于共同的生命体验，可能更容易被认可。例如，在淘宝上的消费群体，主要以女性为主。这种以女性消费和理财为中心的经济被称为"她经济"。[293] 根据网络经济服务平台浙江网经社信息科技有限公司监测的数据，93% 的女性用户会主动分享商品并进行拼团购物。阿里巴巴的研究数据表明，其电

290　仪征妇联：《关于"互联网＋"时代女性创业者发展现状及思考》，http://fl.yizheng.gov.cn/yizheng_fl/dysk/202006/e4d1791b9a4f4c859a78dbe2e7d9197b.shtml，访问日期：2021 年 3 月 5 日。

291　中国互联网协会：《中国互联网发展报告 2020》，http://www.199it.com/archives/1128666.html，访问日期：2021 年 3 月 5 日。

292　中国互联网协会：《中国互联网发展报告 2020》，http://www.199it.com/archives/1128666.html，访问日期：2021 年 3 月 5 日。

293　李光斗：《抓住"她经济"发展红利的秘笈》，《理财》2019 年第 11 期，第 10 页。

商平台上 70% 的销售额都是由女性贡献的。[294] 由此可见，庞大的女性消费群体与平台经济中的女性劳动者形成了优势互补的供需关系。电商平台的女性店主对女性消费群体的消费心理更加了解，也能够更准确地推出适合女性的营销方式，与消费者产生共鸣，拉近距离，成功输出产品的价值。[295]2020 年 3 月，京东大数据研究院发布的《2020 女性消费趋势报告》显示，女性更加注重用户感受和体验。[296] 女性也更加热衷于将自己获得优良体验的产品和服务分享给身边的人。这也为女性在平台经济中获得集群效应增加了更多支持。因此，女性在平台经济中的成功，也与平台经济与"她经济"效应完美结合有一定的关系。

　　数字技术也为女性从事平台工作提供了更多可能性。这些工作可以突破空间和工作时间的限制，利用短视频打造个人品牌，将线上和线下价值相结合。[297] 在这种模式的推动下，只要流量足够大，劳动者投入的价值就可能被网络放大成百上千倍。这也催生了不少一夜爆红甚至是一夜暴富的情况。在这种情况下，不少女性也借着这股势头开发项目，展示自我。美国南加利福尼亚大学学者约翰娜·布莱克利（Johanna Blakley）在 2010 年发表了名为"社交传媒和性别消失"的 TED 演讲中指出，以兴趣为基础的社交媒体将会给基于性别等因素的产品开发和推广带来改变，女性将在

294　余丽:《90 后女性成主力消费人群 各大电商争相加码女性市场》，https://www.fx361.com/page/2020/0519/6669471.shtml，访问日期：2021 年 3 月 1 日。

295　余丽:《90 后女性成主力消费人群 各大电商争相加码女性市场》，https://www.fx361.com/page/2020/0519/6669471.shtml，访问日期：2021 年 3 月 1 日。

296　京东:《2020 女性消费趋势报告》，https://www.100ec.cn/detail--6547935.html，访问日期：2021 年 3 月 5 日。

297　楚亚杰、王琳:《数字传播技术与女性发展：以短视频类社会化媒体为例》，《今日科苑》2020 年第 2 期，第 78 页。

娱乐偏好的产业中发挥重要的决策作用。[298]

另外，平台工作的绩效评价模式比传统经济更加扁平，也有利于女性劳动者。平台经济的绩效评估实际上是由千千万万个使用者来直接对商品或服务提供者进行的。而传统经济中的绩效评估主要由科层制的内部体系来完成。这种上下级的科层制本身即是父权制的产物，处于上级地位的往往是男性，也将难以摆脱基于性别的偏见和刻板印象。而分散的平台使用者（其中很多是女性）更能突破性别偏见，对劳动者的绩效作出更客观的评价。平台经济的这个特点仿佛突破了传统行业对女性劳动者的既有偏见和层层限制，转而将目光投向内容的真正价值上，进而削弱了人们对女性或男性完成工作的关注点。流量和点击率成为衡量劳动价值的重要指标，它的分配突破了传统经济对女性的资源分配格局。这种史无前例的机会资源让不少女性有了更多的出头机会。

因此，所谓女性在平台经济中的"优势"更多的不过是摆脱了女性在传统经济中的劣势而已。此外，当我们谈论所谓"性别优势"的时候，要特别注意不要落入性别本质主义和刻板印象的窠臼。值得关注的是，不少研究认为女性的一些所谓"特质"使得女性劳动者在平台经济等新业态中具备竞争优势。例如，女性在金融资产管理方面更加谨慎、诚信度更高，成为"保障互联网经济安全健康发展"的重要力量。[299]那么这些所谓女性特质就成为女性在互联网平台立足并长远发展的有竞争力的因素。滴滴发

---

[298]　TED-Johanna Blakley："社交传媒和性别消失"，https://v.qq.com/x/cover/9phd3otbou2eya2/q0103vl2n3i.html，访问日期：2021 年 3 月 5 日。

[299]　中华女子学院、阿里研究院：《2019 阿里巴巴全球女性创业就业研究报告》，第 5 页，https://www.startupgrouphk.com/wp-content/uploads/2019/11/2019 全球女性創業就業研究報告 .pdf，访问日期：2021 年 3 月 5 日。

展研究院指出，人们普遍认为女性司机亲和力强、更有耐心、更加善于沟通，因此中国女性司机服务分达到 95 分以上的比例高于男性约 10 个百分点。[300] 这为女性在网约车平台的长足发展奠定了良好的基础。阿里研究院的研究指出，数字化进程中的女性就业体现出四个特质：利他、包容、坚韧和果敢。[301] 这些女性劳动者在就业中展现的特点，客观上又促进了女性在平台经济中的发展，形成了良性循环。但是，这些有利的特点也不应该被过度夸大或过于与性别相联系，进而导致新形式的性别歧视。女性内部本身具有极大的多元性，每个女性都有自己的独特性，其表现出的特质也多与自身的状况和经历相关。女性整体上即便比男性具备更多的上述特点，也是社会性别构建的结果，而不是女性天生就具有这些特质。如果过度强调这些表面的性别差异可能会强化性别刻板印象，形成新的性别歧视。

第二节　平台经济与就业歧视

上文指出平台经济给妇女就业带来新的机遇，也确实有很多女性在平台经济中获得了令人瞩目的成功。平台经济也被认为更加性别中立，有利于减少传统经济中的性别歧视。从很多方面看确实如此，但如果要做一个

300　滴滴发展研究院：《2019 滴滴平台女性新就业报告》，http://www.100ec.cn/detail-- 6499744. html，访问日期：2021 年 3 月 5 日。

301　中华女子学院、阿里研究院：《2019 阿里巴巴全球女性创业就业研究报告》，第 5 页，https://www.startupgrouphk.com/wp-content/uploads/2019/11/2019 全球女性創業就業研究报告.pdf，访问日期：2021 年 3 月 5 日。

全面的衡量，还需进一步讨论。其中一个重要的问题就是：平台经济能否摆脱或减少传统经济中表现的就业歧视，例如，职业性别隔离、同工不同酬、晋升歧视等。

一、平台经济与职业性别隔离

所谓职业性别隔离是传统经济中就业性别歧视的一个主要表现，即有些职业以男性为主，如建筑工人、警察、消防员、外科医生等，而另一些则以女性为主，如幼儿园教师、小学教师、护士、保姆等。这些行业由于从业人员性别的严重失衡被贴上了"男性职业"或"女性职业"的性别标签。这样的后果是进一步强化就业领域的性别刻板印象，如女性就适合做小学教师、护士等。而所谓"女性职业"往往是照顾类的工作，其市场价值被人为低估。那么平台经济中的行业性别分布情况如何？平台经济是否有助于打破传统经济中的性别樊篱？

职业性别隔离即基于性别的"劳动力市场分割"或"行业分布"。在传统经济中，通常表现为男性和女性分别集中在一些特定的行业。并且即便在女性为主的行业中，占据管理层位置的也往往是男性，而女性处于从属性、辅助性、低级别岗位。例如，小学教师经常以女性为主，而校长却是男性。家政行业以女性劳动者为主，而管理者或经营者却经常是男性。在大学里，教授和管理层以男性为主，而行政教辅人员却以女性居多。这种现象在各国都很普遍，但是性别平等状况越好的国家这种现象越不明显。

国际劳工组织于 2018 年发布的《2018/19 全球工资报告——性别薪酬

差距背后的原因是什么》表明，职业隔离和依据性别而划分的行业和经济部门是造成男女薪酬差异的主要原因，即使在相同行业女性的受教育水平高于男性，在获得薪酬待遇方面却还是落后于男性。[302] 此外，国际劳工组织的这份报告还显示，在从事被社会认为属于"女性职业"工作的人，无论男女，在受教育水平相同的情况下，其工资往往低于从事其他职业的人。这一现象在全球很多国家都存在，报告指出欧洲收入结构点差数据显示，在员工规模和企业组织形式等重要方面相似的机构中，高度"女性化"的企业的工资通常低于其他企业。该研究还发现，从事同一职业类别的工作中，女性的受教育程度高于男性，但是工作后的职业回报率却不如男性高。在我国也存在类似现象，女性受教育程度越来越高，而职业发展与薪资水平却低于同学历男性。[303]

这些现象背后的原因众多，本书认为主要原因有两个：第一个原因是雇主和社会长期存在的性别刻板印象和性别偏见使得就业准入阶段的筛选固化了已有的行业性别隔离。例如，警察等"男性职业"更易拒绝女性求职者，而幼儿教师等"女性职业"会排斥男性求职者。当然，这种性别隔离通常在教育阶段就开始了。例如，护理专业招生以女性为多数，而公安专业以男性为多数。第二个原因更加隐蔽一些，如前文指出的，被贴上"女性职业"标签的行业的劳动价值会被人为低估。

那么，传统经济中职业性别隔离问题是否也会传递到平台经济？从导

302　国际劳工组织：《2018/19 全球工资报告——性别薪酬差距背后的原因是什么》，第 vi 页，https://www.ilo.org/wcmsp5/groups/public/---asia/---ro-bangkok/---ilo-beijing/documents/publication/wcms_679534.pdf，访问日期：2021 年 3 月 5 日。

303　李春玲：《"男孩危机""剩女现象"与"女大学生就业难"——教育领域性别比例逆转带来的社会性挑战》，《妇女研究论丛》2016 年第 2 期，第 33-39 页。

致传统经济职业性别隔离的原因来看，平台经济也无法完全避免性别隔离。从普通人即可观察到的身边现象来看，平台的职业性别隔离是存在的。例如，网约车司机、平台外卖员绝大多数都是男性。并且一些已有的研究也发现平台经济中的职业性别隔离更深层次的问题。

结合多个零工经济平台发布的数据可以看出，职业性别隔离在平台经济中十分显著。男性依然从事着传统经济中被认为是男性强项的工作，大多数女性也依然从事着传统经济中被认为是女性更多的行业。例如，2018年3月至2019年3月，滴滴平台的网约车司机、美团的网约配送员中，男性就业者占比超过90%；而旅游服务行业从业者，例如，携程的旅行定制师、旅游门店经营者、爱彼迎的体验达人中，女性就业者人数超过50%。[304]这些数据中显示的职业性别隔离并不是平台经济产生的新现象，它们实质上是传统经济中的职业性别隔离的延伸。以司机或者配送员为例，这种与运输相关的工作性质并没有因为平台就发生根本性改变，即使在劳动管理规则上有所变化并且可能产生了一些有利于女性在此行业发展的特点，但是在整体上并没能打破原有的职业性别隔离。中华女子学院、阿里研究院的一项调查研究也发现，平台经济中的女性创业者的行业分布相对集中，

---

[304]　滴滴发展研究院:《技术进步与女性发展：2019滴滴平台女性新就业报告》，http://www.199it.com/archives/843423.html，访问日期：2021年3月5日。《2019年398.7万骑手从美团获得收入 疫情期间新骑手再添33.6万》，http://www.xinhuanet.com/tech/2020-03/19/c_1125736688.htm，访问日期：2021年3月5日。中华女子学院、阿里研究院:《2019阿里巴巴全球女性创业就业研究报告》，https://www.startupgrouphk.com/wp-content/uploads/2019/11/2019全球女性創業就業研究報告.pdf，访问日期：2021年3月5日。爱彼迎:《"她力量 以爱为光"——Airbnb爱彼迎致敬疫情下的女性社区》，https://news.airbnb.com/zh/%e5%a5%b9%e5%8a%9b%e9%87%8f%ef%bc%8c%e4%bb%a5%e7%88%b1%e4%b8%ba%e5%85%89-airbnb%e7%88%b1%e5%bd%bc%e8%bf%8e%e8%87%b4%e6%95%ac%e7%96%ab%e6%83%85%e4%b8%8b%e7%9a%84/，访问日期：2021年3月5日。《旅游新职业女性从业报告：女性超过6成，月入可达3万》，https://news.tom.com/201903/4332228466.html，访问日期：2021年3月5日。

2014 年女性创业者主导的六大行业依次为美妆、母婴、服装、珠宝配饰、百货和箱包鞋帽，女性占比均超过 50%。[305] 这也是传统职业性别隔离在平台经济中的表现与延续。

在我国，现有研究较少论证平台型零工经济是否有助于改善传统经济下的职业性别隔离，缺乏对同一行业在数字化转型前后职业性别隔离情况的比较。有些学者认为平台型零工经济可以缓解劳动力市场分割，[306] 抑或为女性就业提供了更多选择，因此其"打破了男女性别的界限"[307]。但目前总体缺乏有力的数据论证，现有的相关数据也比较单薄。有些实证研究表明，女性在平台经济中的收入依然较低，劳动市场的性别隔离依然存在。[308]

但是，我们也可以期待平台经济能在一定程度上扭转传统的职业性别隔离。例如，阿里研究院的一项研究显示，"行业前二十的排名中，女性店家正在进入传统上由男性主导的行业，例如，更换汽车用品，清洗汽车，改装新车、二手车智能设备等"。[309] 阿里研究院的这项研究认为，女性店主的营业额范围在数万元至上亿元的幅度内，其中 101 万元至 500 万元的企业占到 24.4%，与男性店主企业的同期营业额收入相比不存在显著

305　中华女子学院、阿里研究院：《2019 阿里巴巴全球女性创业就业研究报告》，第 12 页，https://www.startupgrouphk.com/wp-content/uploads/2019/11/2019 全球女性創業就業研究報告.pdf，访问日期：2021 年 3 月 5 日。

306　何勤、王琦、赖德胜：《平台型灵活就业者收入差距及影响机制研究》，《人口与经济》2018 年第 5 期：第 1–9 页。

307　王崧樾：《试论网络平台经济与女性就业的关系》，《劳动保障世界》2019 第 33 期，第 24 页。

308　Janine Berg、Marianne Furrer、Ellie Harmon 等：《全球数字平台劳动者就业研究》，孟彤编译，《中国劳动》2019 第 4 期，第 88–90 页。

309　中华女子学院、阿里研究院：《2019 阿里巴巴全球女性创业就业研究报告》，第 5 页，https://www.startupgrouphk.com/wp-content/uploads/2019/11/2019 全球女性創業就業研究報告.pdf，访问日期：2021 年 3 月 5 日。

的差异。同时，女性创办的平台企业更加倾向于招聘女性员工，但是随着企业规模的扩大，长期的发展趋势为企业内的性别互补。[310]

虽然关于职业性别隔离在平台经济中的状况说法不一，但是可以肯定的是，平台经济为女性提供了更多突破传统职业性别隔离的机会。例如，滴滴发展研究院发布的《技术进步与女性发展：2019 滴滴平台女性新就业报告——基于中国、巴西和墨西哥三国女性网约车司机情况分析》发现，在中国女性司机的服务评分平均为 90 分，评分达到 95 分以上的女司机要比男司机比例高出 10 个百分点。[311]女性在服务质量上首先突破了性别刻板印象，打造了新的职业形象。

阿里研究院 2019 年发布的《女性创业社会责任大数据》表明，阿里巴巴平台上的女性创业者占到 49.25%，其中 23 ~ 33 岁的女性占到了创业人数的 54.53%，55 岁以上的店主达到了 138.39 万人。[312]年轻女性的创业梦有了新的开启形式，而退休女性继续职业生涯的梦想也可以通过平台经济实现。这些打破传统认知的就业形式都会为社会转变对女性就业者的刻板印象带来积极效应。作为创业重要的支持，蚂蚁金服提供的网络贷款申请显示，2016 年女性申请额度比男性高将近 30%，女性申请人的违约率低

310　中华女子学院、阿里研究院：《2019 阿里巴巴全球女性创业就业研究报告》，第 14 页，https://www.startupgrouphk.com/wp-content/uploads/2019/11/2019 全球女性創業就業研究报告 .pdf，访问日期：2021 年 3 月 5 日。

311　滴滴发展研究院：《2019 滴滴平台女性新就业报告》，http://www.199it.com/archives/843423.html，访问日期：2021 年 3 月 5 日。

312　阿里研究院：《阿里发布〈女性创业社会责任大数据〉妈妈主播掀起"退休不退潮"的创业飓风》，https://xueqiu.com/1527849020/122542910，访问日期：2021 年 3 月 5 日。

于男性，平均还款周期也比男性短。[313] 在这样有网络诚信记录的贷款系统中，女性的良好信誉无疑提升了女性整体的形象，并且为女性贷款成功率带来了积极影响，从而突破了女性创业的资金障碍。这些因素都将在平台经济长远发展中产生作用，为女性打破职业性别隔离提供有力支持。

此外，越来越多的女性开始进入传统中由男性为主导的科技领域，这也有助于改善平台经济中的性别平等。例如，2018 年的数据表明，在科技创新方面女性比例上升为 45.4%，在互联网软件、通信、智能硬件等行业女性的比例持上升态势并在 2018 年超过了 30%。[314] 这意味着更多女性有机会参与使用大数据和算法的平台规则的制定，使其更多地反映女性的生命经历和职业需求。

阿里巴巴预测，未来在人工智能领域发展需要的六种能力中，女性占有天然的优势，它们是：设计感、整合力、同理心、讲故事能力、玩、意义感。未来女性通过平台经济直接就业或者通过其衍生的机遇进行就业将呈现雇佣、零工、生态关联就业等不同种类的就业形式共存的局面。[315] 如果能够抓住机遇，女性劳动者可能迎来前所未有的发展机会。实际上，女性已经在淘宝、抖音等平台崭露锋芒。淘宝直播带货前列的主播中，有 80% 都是女性，女性在"数字创业就业"中的信用和履约精神更胜一筹，

---

313 阿里研究院：《数据识女人：花钱能力只比男性高 4%，但违约率竟然强半条街》，http://www.aliresearch.com/ch/information/informationdetails?articleCode=21079&type= 新闻，访问日期：2021 年 3 月 5 日。

314 中华女子学院、阿里研究院：《2019 阿里巴巴全球女性创业就业研究报告》，第 37 页，https://www.startupgrouphk.com/wp-content/uploads/2019/11/2019 全球女性创业就业研究报告.pdf，访问日期：2021 年 3 月 5 日。

315 中华女子学院、阿里研究院：《2019 阿里巴巴全球女性创业就业研究报告》，第 57 页，https://www.startupgrouphk.com/wp-content/uploads/2019/11/2019 全球女性創業就業研究報告.pdf，访问日期：2021 年 3 月 5 日。

因而更加容易获得成功。[316] 有研究发现，在电商口碑传播方面，女性比男性更加主动，参与网络相关话题也更加积极，因而能够达到精准营销的水平。[317] 这些例证都有利于女性打破行业刻板印象，展现自我价值，进而突破职业性别隔离对女性的桎梏。

二、平台经济中的其他就业歧视

除了职业隔离，传统经济中存在的同工不同酬的问题在平台经济中同样存在。美国学者对网约车优步（Uber）的数据进行研究和分析后得出，由算法将某个工作任务分配给接单员后，在劳动产出决定工作水平的前提下，同样的工作中男性比女性多挣 7%。[318] 出现这种情况的原因是男女员工在平台上的时间差距、对工作地点的偏好（驾驶地点的安全性）和驾驶速度的不同。[319] 从国际劳工组织 2018 年发布的报告中也可以发现，在平台经济中，网上产品销售情况表明，在同一产品上，男性要比女性挣得多，这一特点在销售新产品时尤为突出。[320] 这说明在平台经济的评价体系中，男女虽然从事相同的工作，但是男性的一些工作特质可能会被算法认为更加

---

[316] 《女性在"数字创业就业"中更有优势》，《成才与就业》2019 年第 10 期，第 43 页。

[317] 房京臣、李小蒙：《电商社区女性口碑传播策略优化研究》，《财富时代》2019 年第 7 期，第 42 页。

[318] Cook C., Diamond R., Hall J., et al, "The Gender Earnings Gap in the Gig Economy: Evidence from Over a Million Rideshare Drivers", *The Review of Economic Studies*, no.5（2021）: 2210–2238.

[319] Janine Berg、Marianne Furrer、Ellie Harmon 等：《全球数字平台劳动者就业研究》，孟彤编译，《中国劳动》2019 年第 4 期，第 90 页。

[320] 国际劳工局局长报告：《工作中的妇女倡议：争取平等》，第 7 页，https://www.ilo.org/wcmsp5/groups/public/---ed_norm/---relconf/documents/meetingdocument/wcms_630129.pdf，访问日期：2021 年 3 月 5 日。

符合标准。在这种情况下维护女性员工的合法权益将变得困难。如果将责任承担方认定为平台，那么平台很可能以算法技术中立或者自己仅是信息提供中介为理由进行抗辩。[321] 平台经济确实为女性创造了更多工作机会，但是平台经济在报酬方面依然有性别差距，即男性仍然获得更多的机会和报酬。[322]

目前，平台经济中缺少可以平衡性别因素的规则，其自由发展的后果将可能在不同领域加深性别分化。也有实证研究表明，收入相同的情况下，灵活的就业形式反而比固定合同工作需要更多的工作时间，而这对于推动性别平等的作用比较有限。[323] 例如，在某短期任务平台中，劳动者需要在接到任务的 30 分钟之内回复任务，且至少接受 85% 的任务，这造成了一种随时待命的工作状态，实际上延长了劳动者的工作时间。[324]

我国目前还没有进行平台经济对男性或女性就业情况的大规模调查。不过，国际劳工组织在 2015 年和 2017 年对劳务众包平台的劳动者进行了两次问卷调查，揭示平台经济工作者的薪酬、工作时间、工作强度和社会保障等状况。研究发现在巴西和委内瑞拉等拉丁美洲国家"只能在家工作"的劳动者，不同性别的人对众包工作相比于其他工作存在提高收入的

---

321 Janine Berg、Marianne Furrer、Ellie Harmon 等：《全球数字平台劳动者就业研究》，孟彤编译，《中国劳动》2019 年第 4 期，第 90 页。

322 Janine Berg、Marianne Furrer、Ellie Harmon 等：《全球数字平台劳动者就业研究》，孟彤编译，《中国劳动》2019 年第 4 期，第 88—90 页。

323 张凌寒：《共享经济平台用工中的性别不平等及其法律应对》，《苏州大学学报》2021 年第 1 期，第 85 页。

324 张凌寒：《共享经济平台用工中的性别不平等及其法律应对》，《苏州大学学报》2021 年第 1 期，第 86 页。

情况有不同看法，持赞同意见的女性占15%，而男性则只占到了5%。[325] 在印度的 AMT 平台就业的劳动者中，21%的女性赞成众包工作比其他工作收入更高，而持相同态度的男性则只占10%。[326] 虽然这一比例不能代表中国的情况，但是它反映出了平台经济与传统经济相比，在收入上对男性和女性可能产生不同的影响。国际劳工组织于2021年发布的《世界就业和社会展望》显示，平台经济工作的一些困境包括：（1）缺乏规律性，工作时间偏长，且没有社会保护机制，收入差距很大；（2）单方面制定平台工作规范；（3）算法和大数据在员工工作评估方面正在取代人工，等等。[327]

此外，我国的相关研究也发现，平台经济的特点决定了劳务工作者从传统的雇员角色转变为独立签约人，那么就会免除员工本应该享有的雇主保障，例如社保缴纳。[328] 这种工作的临时性、短期性也使得劳动者无法组建工会等固定机构来与雇主谈判以保障自己的权益。[329] 这些风险是每一位平台经济的工作者都需要面对的，也包括女性。在社会保障方面目前存在的问题有：（1）平台经济的灵活雇佣形式与传统经济下固定的劳动合同关系不同，因此难以满足传统的社会保险体系的要求；（2）虽然某些平台有探索商业保险的发展空间，但是还未找到适合推广的路径；（3）政府、平

---

[325] Janine Berg、Marianne Furrer、Ellie Harmon 等:《全球数字平台劳动者就业研究》，孟彤编译，《中国劳动》2019年第4期，第78页。

[326] Janine Berg、Marianne Furrer、Ellie Harmon 等:《全球数字平台劳动者就业研究》，孟彤编译，《中国劳动》2019年第4期，第78页。

[327] 联合国:《国际劳工组织最新报告深度解读数字化劳动力平台》，https://mp.weixin.qq.com/s/3YXj1qhOfBv3G09a8nT-xQ，访问日期：2021年3月5日。

[328] 王宁:《零工经济的性质、问题与就业潜力》，http://paper.people.com.cn/rmlt/html/2020-07/20/content_2005488.htm，访问日期：2021年3月5日。

[329] 王宁:《零工经济的性质、问题与就业潜力》，http://paper.people.com.cn/rmlt/html/2020-07/20/content_2005488.htm，访问日期：2021年3月5日。

台企业和灵活就业人员之间在社会保障方面的权责关系认定还有待进一步研究。[330] 此外,平台经济中的就业歧视认定问题也比在传统经济中更加困难。例如,在实践中,算法的规则可能导致性别歧视,但是平台可能会认为自己运用了中立的规则。[331]

美国南加利福尼亚大学的一项研究表明,女性可能在那些规则明确的工作环境中获益,而男性更加容易在规则模糊的工作环境中占得上风。[332] 这可能与女性在父权制下接受经年累月的规训有关,因而比男性更遵守规则。而目前的平台经济在各国都还处于"野蛮生长"阶段,各国的法律和行业都还没能制定出清晰的规则,特别是在劳动者权益保障方面还在研究探索的阶段。这样的业态显然并不利于包括女性在内的弱势群体的发展。因此,平台经济并不能避免性别歧视,甚至在没有法律政策干预的情况下可能在某些方面会强化性别歧视。在竞争激烈以及发展飞速的网上劳动市场,雇佣和工资决策对那些需要经过核实的劳动者的信息的依赖程度降低,而对劳动者的生产力和谈判意愿更加青睐,那么这些偏好将激发对女性"适合"的工作的偏见。[333] 平台经济中的快速点对点交易的新形势也对传统的反歧视法律的适用带来了挑战。

---

330 国家信息中心:《中国共享经济发展报告(2020)》,第32-33页,http://www.100ec.cn/detail--6547821.html,访问日期:2021年3月5日。

331 Janine Berg、Marianne Furrer、Ellie Harmon 等:《全球数字平台劳动者就业研究》,孟彤编译,《中国劳动》2019年第4期,第89页。

332 Hernán Galperin, "The Gig Economy Could Increase Workplace Sexism", accessed March 1, 2021, https://www.weforum.org/agenda/2018/01/the-gig-economy-could-increase-workplace-sexism.

333 Hernán Galperin, "The Gig Economy Could Increase Workplace Sexism", accessed March 1, 2021, https://www.weforum.org/agenda/2018/01/the-gig-economy-could-increase-workplace-sexism.

三、平台经济如何促进性别平等

相对于传统经济，平台经济有一个突破性的特点值得被深入研究，即平台经济对拥有高价值内容但机遇匮乏型的被传统经济边缘化群体的机遇效应。平台经济为偏远地区的人们提供了原本在居住地无法获得的更广阔的市场和获得丰厚收入的机会，也增加了就业率。[334]

例如，在中国，平台经济为很多身处乡村的、民族地区的女性小手工业者、创意工作者或乡村特色产品经营者带来了新的就业和发展机会。又如，抖音和淘宝直播等方式为女性手工业者打开了新的销售和资源渠道。一部分女性将自己的手工作品以照片、视频等方式上传至新媒体平台进行销售。平台经济提升了她们产品的能见度，这种方式扩展了销售覆盖的范围，创造了更多的商业机遇。开网店每年租金只有几百元，加上少量服务代销佣金，成本远低于传统经济。[335] 此外，农村女性凭借着对农产品市场的了解度，可以通过互联网提供市场需求的农产品。[336] 根据 2019 年底的数据，拼多多平台农产品女店主数量是男店主的 1.05 倍，贡献了 59% 的销售额。[337]

农村女性店主的崛起除了前面提到的互联网技术带来的机遇与平台外，另一个重要原因是互联网农业将传统方式难以呈现的亮点与价值通过

334　王宁：《零工经济的性质、问题与就业潜力》，http://paper.people.com.cn/rmlt/html/2020-07/20/content_2005488.htm，访问日期：2021 年 3 月 5 日。

335　宋阳：《"互联网＋"时代农村女性创业契机、困境与对策研究——以四川省广安市为例》，《农村实用技术》2019 年第 6 期，第 92 页。

336　宋阳：《"互联网＋"时代农村女性创业契机、困境与对策研究——以四川省广安市为例》，《农村实用技术》2019 年第 6 期，第 92 页。

337　艾渺：《女性成电商主力军》，《中国对外贸易》2020 年第 5 期，第 52 页。

平台展现出来。[338] 而这样的呈现方式更加新颖和直观，增加了人们对产品的来源和生产过程以及体验度的了解，增强了信任感。2020 年新型冠状病毒肺炎疫情暴发后，26% 的女店主在拼多多平台直播带货，促成了数千万订单交易。这些数据无不展现了女性突破传统职业偏见的力量。

当然，也有观点认为在这类的创意性工作中，性别差异依然有所体现，具体表现为女性在很多时候只从事创意工作中支持性与照顾性的部分，而真正涉及"创意"的工作仍归属于男性。[339] 这样的议题还需要更多的实证研究。虽然平台经济为农村女性打开了新的市场，但是不可否认的是农村女性整体对平台经济的掌握和运营还处于劣势地位。例如，在金融、农产品专业知识、互联网、社交媒体运营、产品宣传等方面还有很多不足之处。

除了专门的电商平台，很多新媒体，例如，小红书、抖音、微博、快手等社交网络也成为平台经济的重要贡献者。最近几年兴起的短视频平台正在成为新兴平台经济的重要力量，同时它们也吸引着大量女性用户。与传统的媒体平台普遍缺乏女性的声音不同，新媒体的运用扭转了女性发声机制欠缺的状况。2019 年 3 月，抖音短视频、字节跳动平台责任研究中心联合《中国妇女报》发布的《听妳说——女性表达方式研究报告》显示：（1）女性投稿所带来的播放、评论、点赞、分享都成为平台内容生产和消费的主要来源；（2）女性创造的作品以真实的生活为素材，例如视频原声

338　艾渺:《女性成电商主力军》,《中国对外贸易》2020 年第 5 期, 第 52 页。

339　Shannon Black, Chloe Fox Miller and Deborah Leslie, "Gender, Precarity and Hybrid Forms of Work Identity in the Virtual Domestic Arts and Crafts Industry in Canada and the US", Gender, Place & Culture, *Journal of Feminist Geography*, no.2（2019）, accessed March 1, 2021, https://www.tandfonline.com/doi/abs/10.1080/0966369X.2018.1552924.

使用者 40% 为女性，男性仅占 15%；（3）女性创作类视频会添加话题挑战标签的占 31%，男性仅占 24%；（4）女性传播的价值观包括提升自我认知、打破刻板印象、促进情感交流以及多元体验。[340] 短视频平台没有学历和年龄等门槛限制，能够鼓励更多的女性参与其中。

　　抖音平台记录的不同粉丝量的女性创作者的内容发现：拥有 10 万～100 万粉丝的创作者主要记录日常生活内容；拥有 100 万～400 万粉丝的创作者主要进行知识和经验的分享，如美食和舞蹈；拥有 400 万～1000 万粉丝的创作者主要进行专业技能的分享，如时尚和音乐。[341] 这说明掌握不同信息的女性都可以从生活中或者职业技能中找到适合平台经济的项目。也有不少的女性创作者专门在平台上回应针对女性群体的偏见和质疑，有利于突破落后的性别观念，鼓励更多女性积极进取。抖音平台也让更多的人看到在男性主导的某些领域也出现了优秀的女性从业者，如摄影师、飞行员、赛车手。通过新媒体平台，人们看到了女性在不同领域的风采，也听到了女性的更多声音。

　　抖音平台的热门话题中，女性主导了排名最前列的职业类话题，包括女性参与讨论度超过 95% 的"护士懂护士"和"幼师"话题。[342] 这为女性们交流专业知识和经验以及发掘潜在合作机遇提供了平台。2018 年 12 月，

　　340　抖音短视频、字节跳动平台责任研究中心、《中国妇女报》：《听妳说——女性表达方式研究报告》，https://wenku.baidu.com/view/75c928131fb91a37f111f18583d049649a660e5b.html，访问日期：2021 年 3 月 5 日。

　　341　抖音短视频、字节跳动平台责任研究中心、《中国妇女报》：《听妳说——女性表达方式研究报告》，https://wenku.baidu.com/view/75c928131fb91a37f111f18583d049649a660e5b.html，访问日期：2021 年 3 月 5 日。

　　342　楚亚杰、王琳：《数字传播技术与女性发展：以短视频类社会化媒体为例》，《今日科苑》2020 年第 2 期，第 76 页。

中国经济网发布了一则名为《土味文化成了一张互联网门票》的新闻，其中讲述了从未出过大山的藏族姑娘格绒卓姆通过其拥有 120 多万粉丝的快手平台为村子销售虫草和松茸，最多每月可赚得 30 万元的励志故事。[343] 这位"网红"将自己和母亲上山采虫草的经过拍摄成短视频上传至快手，粉丝暴涨后吸引了大量购买虫草的客户，因此助力自己的家庭甚至乡村的经济发展。这样的例子还有很多。例如，网名为"爱笑的雪梨吖"的乡村女孩，在快手上分享农村生活与乡村食物，提高经济收入，2019 年与其他 20 名乡村网红参加了清华大学举办的商业和管理类教育培训。[344]

值得注意的是，平台经济令人满意的流量数据只是展示了部分成功者在平台经济中带来的放大效应，大部分女性劳动者在平台经济中的发展还面临很多挑战和风险。这些挑战和风险还需要获得足够的关注和研究。根据安徽省妇联发布的《女性参与电子商务发展状况调研报告》，女性在电子商务工作中依然面临很多困难，例如，女性主要进行客服、营销等比较简单的工作，内容比较机械，深层发展空间较为有限；女性在获得资金支持以维系电商平台发展方面依旧面临资源短缺的状况；女性还需专业的技术指导以适应电商界的激烈竞争。[345] 总之，女性在平台经济中的整体发展和长远进步还需依赖更多的资源投入。当然，也有相反的观点认为融资困难属于普遍的创业困难，与性别的关系并不大，而人们对性别的偏见虽然

343 《土味文化成了一张互联网门票》，https://baijiahao.baidu.com/s?id=1619430084463114275&wfr=spider&for=pc，访问日期：2021 年 3 月 5 日。

344 《20 位乡村网红"入学"清华 快手乡村创业学院开幕》，https://baijiahao.baidu.com/s?id=1612023563081434487&wfr=spider&for=pc，访问日期：2021 年 3 月 1 日。

345 安徽省妇联：《女性参与电子商务发展状况调研报告》，《中国妇运》2016 年第 8 期，第 26—27 页。

普遍存在但是也不是女性创业面临的主要障碍。[346] 这也说明平台经济对不同性别的影响还需进一步研究，也需要更多科学的数据支持。

正如任何事物都有两面性，平台经济在推动性别平等中的作用还取决于利用它的人如何把握以及规则制定者如何推动其走向。更多具有性别视角的研究将有利于人们更加清晰地了解平台经济对性别的影响，即评估平台经济提供的就业机会对女性而言是否平等，是否有利于女性自身发展；同时，还需关注平台经济对传统经济中的职业性别隔离问题是否有改善作用。

需要特别指出的是，平台经济中的性别差异的来源通常不是平台设计者故意将女性排除在外的行为，也并不必然是在其他语境下被认为是"不明显的偏见"，大多数在线平台对那些希望在其中寻求机会的人是相对开放的。[347] 实际上，性别差异反映在四个方面：其一，在特征和偏好上，例如，女性较喜欢粉色就是一种特征和偏好上的性别差异；其二，女性相较于男性，基于社会构建的原因，较少具有侵略性，也常常不敢打破规则；其三，女性更多地承担惠及他人的照顾工作的责任；其四，职业设置的现存范式。[348] 在各种因素中，考虑平台经济对女性的影响，主要是考虑平台的设计在何种程度上加强或削弱了这些因素中的性别差异。

---

[346] 李佳琪：《新经济时代中国女性创业调查报告》，《科技与金融》2019 年第 3 期，第 14 页。

[347] Naomi Cahn, June Carbone and Nancy Levit, "Discrimination by design？", *Arizona State Law Jounral*, p.7, accessed March 1, 2021, https://arizonastatelawjournal.org/wp-content/uploads/2019/05/Cahn-Carbone-Levit-Final.pdf.

[348] Naomi Cahn, June Carbone and Nancy Levit, "Discrimination by design？", *Arizona State Law Jounral*, p.7, accessed March 1, 2021, https://arizonastatelawjournal.org/wp-content/uploads/2019/05/Cahn-Carbone-Levit-Final.pdf.

四、小结

平台经济的出现引出了一个新的话题，即它在打破职业性别隔离方面有多大的作用？有不少研究发现，平台经济并未打破传统的职业性别隔离，在一些男性集中的传统领域，平台经济依然是男性为主导。虽然在平台经济下，很多女性开始进入男性集中的领域，但是还不足以打破传统的职业性别隔离。更残酷的现实是，平台经济也有其独特的职业性别隔离，其中女性仍然处于竞争的下风，在同等条件下，拿着总体水平低于男性的工资并且难以跻身核心位置。

不可否认的是，平台经济的出现给了女性，包括乡村和民族地区的女性更多选择的机会。女性在电商直播领域的发展就是很好的例证。在这方面，庞大的女性消费者和社群也是推动女性电商直播发展的重要因素。不过，在平台经济中发展较好的并不是大多数女性。在成功者的另一端还有一些在摸索中寻求发展的女性，由于技术和内容等限制并未吸引大流量。同时，虽然女性在平台经济的就业和贡献数字的规模比较大，但是很多人相对集中于简单、机械的工作中。女性的整体发展仍然需要很多资源支持。我国也出台了一些政策帮扶女性利用互联网创业，实践中也有不少女性通过平台经济脱贫。然而，如果希望通过平台经济促进妇女赋权，政策和制度还需调动更多的技术和资源支持女性劳动者，并对平台经济进行调整和规制以提高对劳动者的保障。

第三节　平台就业与家庭平衡的迷思

平台经济的一大特点是灵活性，在平台经济就业的劳动者一般不需要像在传统经济中的劳动者一样朝九晚五赶赴公司，而是通过一种更加灵活的方式在互联网上找寻和完成任务。在家庭照顾劳动分配方面，受"男主外、女主内"的传统文化影响，女性劳动者在通过网络创业就业的同时兼顾家务、子女养育等被视为理所当然。而平台经济在提供兼职方面确实给一些劳动者带来了选择灵活工作时间的机会，因此很多女性选择成为平台的劳动者以兼顾其家庭照顾责任。

在滴滴平台，90% 的司机为兼职工作者，其中 78.9% 的兼职司机每天在线时间不足 5 个小时；在美团平台，52% 的骑手每天工作时间不足 4 个小时；在爱彼迎平台，90% 的中国房东是兼职人员。[349] 不过，这种兼职的形式在何种程度上有利于劳动者平衡其家庭责任还需要进一步研究。虽然目前有不少研究认为平台经济的部分劳动者确实实现了工作和家庭的平衡，但是也有其他研究表明这种平衡对于大多数劳动者而言只是一个美好的愿景甚至是一种迷思。如何平衡工作与家庭对于所有有家庭照顾责任的劳动者来说都是一个必须思考的问题，但是由于女性是家庭照顾责任的主要承担者，本节重点探讨女性劳动者能否在平台经济中获得工作与家庭的平衡。

349　国家信息中心：《中国共享经济发展报告（2020）》，第 8 页，http://www.100ec.cn/detail--6547821.html，访问日期：2021 年 3 月 5 日。

一、平衡工作与家庭的美好愿景

如何平衡工作与家庭是一个工业化时代才兴起的命题。在前工业化时代，很多劳动在家里完成，例如，小手工业者从事的劳动，并不存在与家庭生活严格分开的工作场所。

平台经济提供的新兴工作形式给工业化以来传统的就业模式带来了变革。这样的变革给社会结构也带来了新的影响，引起了人们对工作和生活关系之间的再思考。社会科学研究者们已经从研究工作和生活的"平衡"问题，转向另一个层面，即工作和生活的模糊化。[350] 那么，我们是回到前工业化时期的那种"模糊"了吗？如果我们更深入地考察劳动者对时间的控制就可以看出并非如此。平台经济中非标准的"灵活"工作时间模式造成的工作与非工作时间的模糊并不是由劳动者主导的，这可能进一步导致失控感与不安全感。由此可见，以大数据和算法支撑的平台经济只是一种"新型的高级工业化"，而并非对工业化的超越。[351] 当然，由于信息技术的发展，传统经济中的劳动者也存在所谓"下班"后仍然需要工作的现象，所以工作和家庭生活的模糊也越来越多地出现在传统经济中，只是平台经济更为凸显而已。

有学者提出了所谓"人生中的高峰时段"的概念：在这一时段中人们

---

[350] Dan Woodman et al, "The New Gendered Labour of Synchronisation: Temporal Labour in the New World of Work", accessed March 1, 2021, https://minerva-access.unimelb.edu.au/bitstream/handle/11343/241296/The_new_gendered_labour_revision_Aug19%20.pdf.

[351] 关于信息技术是否改变了工业化的讨论，参见安东尼·吉登斯、菲利普·萨顿：《社会学基本概念》，王修晓译，北京大学出版社，2019，第75页。

的就业投入与照顾孩子的需求发生了激烈的冲撞，特别是持续性的性别不平等以及这类压力对子女和父母的福利造成的影响。由于女性在从事工作的同时仍被社会和家庭期待继续承担原有的家庭责任，或者说是被期待能同时协调好自己的工作和生活，这在很大程度上给她们安排时间造成了限制。由于家庭劳动仍在两性间不平等分配，不同工作形式造成的对时间安排的冲击首先影响到女性。这一点与标准工作时间的被侵蚀相结合，正在导致现有的性别不平等以新的形式表现出来。[352] 这些问题的出现需要我们用性别视角去考察其影响。但是性别视角在国内外平台经济研究中却常常缺位。到目前为止，国内采取性别视角研究平台经济用工的学者很少，探讨的内容也不够全面和深入。

持平台经济就业有利于女性兼顾家庭的观点认为，在平台经济中工作的人可以在一定程度上决定自己每天的工作时间、地点，这为实现工作和家庭的平衡带来了一定的有利条件。[353] 例如，远程办公使得劳动者能够在便利的时间和地点完成自己的工作任务，这在一定程度上可能帮助妇女或者男性兼顾家庭照护工作并满足收入需求。[354]滴滴发展研究院发布的《2019滴滴平台女性新就业报告》认为，中国女性劳动者时间运用比较灵活，能够在开网约车的同时兼顾家庭照顾，因为大部分女性司机在下午五点之

352　Dan Woodman et al, "The New Gendered Labour of Synchronisation：Temporal Labour in the New World of Work"，accessed March 1，2021，https://minerva-access.unimelb.edu.au/bitstream/handle/11343/241296/The_new_gendered_labour_revision_Aug19%20.pdf.

353　Tamsin Boyle, "Gig Economy for Women–A New World of Opportunity and Gender Equality？" accessed March 1，2021，https://www.b2econsulting.com/what-is-the-impact-of-the-gig-economy-on-women-who-work-in-it-and-will-it-help-narrow-the-gender-gap/.

354　国际劳工局局长报告：《工作中的妇女倡议：争取平等》，第 6 页，https://www.ilo.org/wcmsp5/groups/public/---ed_norm/---relconf/documents/meetingdocument/wcms_630129.pdf，访问日期：2021 年 3 月 5 日。

后就能够结束网约车服务而回归家庭。相比之下，男性司机通常在早上和晚上的高峰期接单。[355] 该报告还指出其中网约车司机有 10.2% 曾是家庭主妇，通过网约车工作重新融入社会。这些例子说明了平台经济可以为想要兼顾家庭和工作的女性提供选择，而这些都是传统经济下严格的工时规定无法给予的。

然而，也有批评者认为这一优势的反面可能使得平台经济的灵活性进一步强化了女性劳动者在工作之外的家庭责任负担。平台就业的不稳定性，工作时间与非工作时间的模糊性，反而会影响生活和工作之间的平衡。[356] 在这种情况下，原本清晰的传统上下班时间不复存在，被约束的劳动时间变得开放，也变得不确定。

另外，平台经济具有短期性和项目制的特点。这也意味着很多在平台经济中的女性并不完全掌握其所从事工作的自由度，只有接受或不接受这份工作的选择。而一旦选择接受，即受到这份工作自身时间的限制，劳动者往往疲于奔命，平台外卖员即是一个典型例子，这也可能是女性较少从事这类平台劳动的原因之一。其他一些任务型的平台工作如网络写手等也受到严格的时间限制，很难说可以自由支配自己的时间。而劳动者个人也基本没有能力和平台谈判以调整规则。在非长期性和任务碎片化的平台工作特质下，女性职业发展的空间有限，难以获得职业升级和领导性地位。

如果缺少性别视角的规制而任由平台经济按自身的规律发展，那么平

355　滴滴发展研究院：《2019 滴滴平台女性新就业报告》，http://www.199it.com/archives/843423.html，访问日期：2021 年 3 月 5 日。

356　Janine Berg、Marianne Furrer、Ellie Harmon 等：《全球数字平台劳动者就业研究》，孟彤编译，《中国劳动》2019 年第 4 期，第 90 页。

台经济的这些所谓为女性劳动者提供的便利,将成为不利于女性发展和实现性别平等的要素。国际劳工组织的研究也认为在 24 小时的虚拟工作时间中,兼顾平台经济和家庭照顾只是个美好愿景而已。[357] 因为现实的工作状态不一定能与理想的灵活性和平衡性产生完美对接,而且兼顾照顾家庭这种状态本身也具有一定的个体性,存在个体家庭情况的差异。在缺乏劳动法保障的情况下,数字化的劳动力成为新式的非正规劳动。[358]

在现实生活中,平台经济中的工作可能更复杂,例如,平台劳动者之间的竞争会降低竞价率,并且这种竞争不受地域限制,会导致劳动剥削。这一切平台经济的特质,如果没有法律政策的引导和干预,都将强化马克思主义理论指出的资本对劳动力的"异化"。而面对这些潜在的风险,女性更容易成为受害者。

二、平台经济中女性劳动者平衡工作与家庭的现实状况

对于平台经济中女性劳动者能否实现工作与家庭的平衡这一议题,依靠数据统计的定量研究是个重要方法,但通过深度访谈、民族志等定性研究方法考察女性劳动者选择平台就业的原因以及在其中的工作状态也是必不可少的,因为平台的统计数据不可能呈现这些深层次问题的答案。例

---

[357] ILO "Game Changers: Women and the Future of Work in Asia and the Pacific", 2018, p.39, accessed March 5, 2021, https://www.ilo.org/wcmsp5/groups/public/---asia/---ro-bangkok/---sro-bangkok/documents/publication/wcms_645601.pdf.

[358] ILO "Game Changers: Women and the Future of Work in Asia and the Pacific", 2018, p.39, accessed March 5, 2021, https://www.ilo.org/wcmsp5/groups/public/---asia/---ro-bangkok/---sro-bangkok/documents/publication/wcms_645601.pdf.

如，2015 年进行的一项针对 18 位来自美国和加拿大的手工艺博主的访谈以及相关分析发现，她们从事这一工作的主要原因是希望自己成为老板，而且灵活的工作安排可以让她们能够将家庭和工作兼顾；另一部分女性则认为成为手工艺博主能够更好地消除性别刻板印象，因为这可以让人们注意到手工艺不仅是家庭内部的一项活动，它也可以创造价值并且带来生产力，最重要的是这些女性可以通过博客这种方式与外界建立良好的联系和互动。[359] 这说明选择平台就业确实与一些女性想要兼顾工作和家庭生活的需求相关。成为平台经济工作者也确实可以在一定程度上帮助部分女性获得事业进步或保持她们的技能与时俱进的同时兼顾照顾家庭。[360] 不过这也与具体的工作内容相关。

在上述访谈中，女性工作者的工作内容主要是日常生活中的活动，如缝纫、编制和烹饪。这些工作内容本身就与家庭生活息息相关，因此，工作过程中受家庭生活的干扰程度自然降低，而且工作和生活也比较容易衔接。她们的收入来源包括：出售手工艺品或食谱获得的收入，广告位或商业赞助费，线上授课培训费，线上流量引导至网店或实体店后的收益等。[361] 但是这些女性劳动者的家庭和工作的界限比较模糊，由此带来的不利影响

---

359 Shannon Black, Chloe Fox Miller and Deborah Leslie, "Gender, Precarity and Hybrid Forms of Work Identity in the Virtual Domestic Arts and Crafts Industry in Canada and the US", Gender, Place & Culture, *Journal of Feminist Geography*, no.2（2019）, accessed March 1, 2021, https://www.tandfonline.com/doi/abs/10.1080/0966369X.2018.1552924.

360 Tamsin Boyle, "Gig Economy for Women – A New World of Opportunity and Gender Equality？" accessed March 1, 2021, https://www.b2econsulting.com/what-is-the-impact-of-the-gig-economy-on-women-who-work-in-it-and-will-it-help-narrow-the-gender-gap/.

361 Tamsin Boyle, "Gig Economy for Women – A New World of Opportunity and Gender Equality？" accessed March 1, 2021, https://www.b2econsulting.com/what-is-the-impact-of-the-gig-economy-on-women-who-work-in-it-and-will-it-help-narrow-the-gender-gap/.

是这种工作状态削弱了她们在创作中的灵感。[362]

同时，这类工作有着独特的挑战。手工艺和博客之间时常存在矛盾关系，例如，一些真正有价值的创作作品面临"叫好不卖座"的困扰。女性工作者经常因此感到压力，不得不制作一些吸引流量但创意价值不高的作品，这就破坏了她们最初与工作之间的情感联系。[363]此外，由于与互联网相关的低门槛，与传统的创意产业相比，平台中竞争更加激烈。因此，为了吸引更多的读者、广告商和赞助商，博主需要不断地面临着将自己的作品和身份商业化的压力。这些压力长期影响着创意产业，但在数字平台时代，这种压力更为强烈，时间线极其短暂，变革的步伐也很快。与其他数字劳动者一样，手工艺博主的任务很小、很分散，收入来源同样分散，因此，女性从这些工作中获得的收入往往是零碎的、微薄的和不可预测的。

除了手工艺博主等劳动者自己主导的工作，还有很多以完成一项或数项具体任务来获得报酬的工作。有些平台工作被研究者称为"幽灵工作"，例如，平台和搜索网站幕后审查不良图片的工作，这些工作因为可以在家通过电脑完成，也常常由需要照顾家庭的女性承担，并且具有全球性（不受地域国界限制）的特征。[364]这类工作以及很多其他平台的工作都是一种高度不稳

362　Shannon Black, Chloe Fox Miller and Deborah Leslie, "Gender, Precarity and Hybrid Forms of Work Identity in the Virtual Domestic Arts and Crafts Industry in Canada and the US", Gender, Place & Culture, *Journal of Feminist Geography*, no.2（2019）, accessed March 1, 2021, https://www.tandfonline.com/doi/abs/10.1080/0966369X.2018.1552924.

363　Shannon Black, Chloe Fox Miller and Deborah Leslie, "Gender, Precarity and Hybrid Forms of Work Identity in the Virtual Domestic Arts and Crafts Industry in Canada and the US", Gender, Place & Culture, *Journal of Feminist Geography*, no.2（2019）, accessed March 1, 2021, https://www.tandfonline.com/doi/abs/10.1080/0966369X.2018.1552924.

364　玛丽·格雷、西达尔特·苏里：《销声匿迹：数字化工作的真正未来》，左安浦译，上海人民出版社，2020，第3—5页。

定的就业形式，需要被法律认可才能获得一定程度的权益保护。未被法律认可的新就业形式虽然可以获得经济收入，但却难以为劳动者提供就业安全，以及其他劳动权益上的保障。并且由于这类工作的全球性，一个国家的法律如何保障平台中处于世界各地的劳动者权益也是一个巨大的挑战。

对平台经济中的女性的工作状态与生活状况的深入考察展现得更常见的状况可能并不是既能轻松料理家务事，又能轻松网络办公的女性，更多的可能是挣扎在不稳定的经济来源和完成任务的疲惫不堪之间的女性劳动者。大部分女性可能还需面临被家务事干扰工作，专注力下降后的效率问题。

另外，平台经济中的就业机会可能会促使女性主动或被动地退出传统经济，从而加剧传统经济领域中的性别不平等。相对于传统经济，平台经济虽然提供了更多元的就业机会，但是也存在总体上低报酬、不稳定、少福利的特点。女性因为要兼顾家庭而大量进入平台就业，客观上会加大就业质量方面的性别差异，并且可能会造成女性劳动者在家务和工作上花费的总体时间更长。当全职工作的夫妻在生育后必须决定谁来照顾家庭时，通常是女性放弃此前的全职工作，并且在面对因此而收入减少时选择进入平台打零工或创业。这种情况下，平台提供的就业机会可能是一把"双刃剑"，一方面确实提供了一种选择，另一方面可能促使女性放弃在传统经济领域寻找就业的机会。如果更多的女性因为养育责任而退出传统经济，加入平台经济，那么可能就会加剧传统经济中的性别不平等。

我国在2016年发布的《中国劳动力市场发展报告》显示，女性从事灵活类劳动意味着女性劳动的兼职化。[365] 有研究表明，在平台经济中参加灵活用工的人大部分来自经济状况较差的人群，并且通常从事体力活动，如骑手。[366] 此外，灵活就业的不稳定性也使得工作者处于更加弱势的地位。[367] 虽然不少女性可以在平台经济中找到一些机会，但是最终能从中获得的回报并不一定理想，而且除了暂时性的收入增加，从长远的角度看，不一定能够实现女性的长期职业发展。

三、平台经济如何促进工作与家庭的平衡

根据家庭经济理论，女性会将更多时间分配在家庭生产活动中，但是家庭生产不需要全时间和全身心地投入，因此，弹性灵活的工作机制与女性劳动者参与之间有着密切的联系。一个顺理成章的结论就是在家中通过互联网就业，女性自雇就业机会增加，工作之余开展的线上活动也增加了女性学习交流的机会。但是研究显示，已婚女性在平台的自雇就业率要低于未婚女性。[368] 这说明现实生活中平台经济对女性兼顾家庭的作用还需要进一步研究。

在平台创业方面，女性经常遇到更多来自社会的阻力。人们对女性创

365　《〈2016 中国劳动力市场发展报告〉建议尽快出台反就业歧视法》，《中国妇女报》2016 年 11 月 28 日第 4 版。

366　Janine Berg、Marianne Furrer、Ellie Harmon 等：《全球数字平台劳动者就业研究》，孟彤编译，《中国劳动》2019 年第 4 期，第 88 页。

367　Janine Berg、Marianne Furrer、Ellie Harmon 等：《全球数字平台劳动者就业研究》，孟彤编译，《中国劳动》2019 年第 4 期，第 88 页。

368　毛宇飞、曾湘泉：《互联网使用是否促进了女性就业——基于 CGSS 数据的经验分析》，《经济学动态》2017 年第 6 期，第 26 页。

业的包容度较低，常常投以质疑的态度，这使得女性在创业过程中面临很多挑战。还有不少丈夫并不愿意妻子的事业超过自己，所以部分女性在创业过程中缺乏家庭的支持。[369] 从这些情况中我们可以看出，平台经济的出现为女性提供了机遇，但是在工作和家庭之间，女性的选择更多受到社会价值观和文化以及家庭的影响。另外，平台经济也给女性带来新的挑战。虽然成为平台创业者或企业主对男性和女性而言都是困难的，但是女性还需面对一些特有的障碍，例如，缺乏资金、缺少家庭支持、缺乏女性榜样等。在这种情况下，能够获得持久成功的女性并不一定更多。现有研究没有足够的数据用以判断平台就业的机会是否会使女性主动或被动地选择退出传统经济，进入平台经济，进而以女性的家庭责任为由，维持和强化对女性的文化规范。

从另一角度分析，平台经济的参与主体更多为受过高等教育的年轻人，以及那些不愿意或无法参与到传统经济中的人，包括居家照顾孩子的父母、学生、退休人员、长期失业者、残障人士、居家照顾老人的人，以及虽然在参加传统经济，但仍需要额外收入的人。[370] 在这种情况下，能够获得长足发展的，一定是掌握流量并且熟悉平台经济运营规则的人。这就需要投入大量的时间、知识和精力，了解其规则与行业热点。

在大多数情况下，女性仍然被视为被照顾者，而男性负责养家。尽管女性的劳动参与率在上升，但是女性仍被期待承担更多照顾家庭和孩子的

369　朱瑾、王蕾：《女性互联网创业就业现状及提升策略研究》，《现代商贸工业》2017年第8期，第86页。

370　Karolina Beaumont, "The Collaborative Economy in Poland and Europe: A Tool for Boosting Female Employment", 26 July 2016, SSRN, accessed March 1, 2021, https://papers.ssrn.com/sol3/papers.cfm?abstract_id=2814095.

责任，那么试图平衡家庭与工作的女性往往会面临困境，产生此种困境的原因包括缺乏令人满意的照顾儿童或老人的服务、雇主与公司无法有效回应年轻母亲在工作场合面临的困境，例如，拒绝给予员工灵活工作时间安排等，以及男性在养育儿童或照顾老人过程中的缺失。此外，即便男性参与养育子女的比率有所上升，女性仍更愿意为孩子放弃工作或减少工作时间，这一情况对上有老下有小的女性来说更加普遍。[371] 工作与时间的平衡是一个重要的问题，处理不好则可能给个人的工作和健康以及社会的生育率等带来影响。

由此可见，困扰着女性的家庭和工作的平衡问题并不是通过平台就业就能解决的，但是平台就业确实为这种平衡提供了更多的可能性，如果能配以相应的法律和政策支持，那么平台经济就可能在平衡家庭与工作方面发挥更大的作用。目前，大多数国家的平台经济都缺乏监管，特别是在就业稳定性方面欠缺相关制度，如劳动者保护机制未建立、工作的暂时性、缺乏税务规则、缺乏法律定义及框架等因素都会影响就业安全性。[372] 平台经济在性别平等中所能发挥的作用需要通过规则进行调整，即需要法律、政策、行业标准和企业规则的多重作用加以约束。

371　Karolina Beaumont，"The Collaborative Economy in Poland and Europe：A Tool for Boosting Female Employment"，26 July 2016，SSRN，accessed March 1，2021，https://papers.ssrn.com/sol3/papers.cfm?abstract_id=2814095.

372　Karolina Beaumont，"The Collaborative Economy in Poland and Europe：A Tool for Boosting Female Employment"，26 July 2016，SSRN，accessed March 1，2021，https://papers.ssrn.com/sol3/papers.cfm?abstract_id=2814095.

四、小结

平台经济的灵活性引起了人们对其在女性工作和家庭的平衡作用方面的思考。目前的研究指向两个方向：一些平台发布的报告指明，女性在平台上的工作时间可以由自己灵活选择，并且有些女性实现了在下午五点左右之后停止工作，返回家中的状态；另一些研究指明，平台经济的灵活性有限，看似不用朝九晚五的工作背后却隐藏着随叫随到、更长的工作时间、缺乏保障等问题。因此，女性在平台经济下能够既保证工作质量又保障家庭照顾时间变得难以判断。

对在平台经济中就业的女性的一些调查显示，不少女性选择在平台经济中工作的目的就是兼顾工作和家庭照顾，而且确实有女性在工作中实现了对家庭的照顾。一些实例也发现，如果女性在平台经济的工作与家庭生活联系较高，如烹饪、缝纫，可能比较容易将工作和家庭生活衔接。然而，不少创业中的女性还发现，在家工作比较缺乏灵感，如果希望保持长久的竞争力，实现工作与家庭的平衡并不是很容易。

此外，女性创业还面临着很大的社会和文化阻力。女性在获取信贷等各种支持方面依然面临很大的困难。平台经济的灵活性也隐含一定的不稳定因素。全职工作的女性不能获得足够的保障，兼职工作的女性也未必能够获得长久的生存之道。因此，女性在平台经济工作中面临的风险不一定能够通过平台经济的灵活性所带来的福利冲减。可以预见的是，如果女性想要通过平台经济实现个人价值提升以及工作和家庭的平衡，就需要推动平台经济规则的完善朝着有利于性别平等的方向发展。

第四节　女性与数字鸿沟

女性和男性在掌握信息技术以及利用这些资源进行人力资本提升的能力方面具有明显的差别，这种现象被称为性别的数字鸿沟。数字鸿沟也会出现在其他弱势群体（如残障人士）和主流群体之间。[373] 这种现象的产生有着众多原因，给女性带来了很多消极影响，如果不进行积极干预，女性在未来的发展中会更加处于弱势。未来的人工智能时代需要对女性进行数字和科技赋权，以便推进性别平等，缩小性别数字鸿沟。本节将主要分析性别数字鸿沟产生的原因和表现形式，平台经济中的性别数字鸿沟，以及我国在缩小性别数字鸿沟方面的良好实践：人工智能脱贫。

一、性别数字鸿沟产生的原因与表现形式

在全球数字化进程中，女性对信息网络技术的掌握和应用程度及创新总体上不如男性。联合国人权事务副高级专员凯特·吉尔摩（Kate Gilmore）表示："信息通信技术有潜力提升妇女在经济和社会领域的权利。然而，科技的进步逐渐将女性从数字空间中排挤出去，很少有女性开发数

373　安东尼·吉登斯、菲利普·萨顿：《社会学基本概念》，王修晓译，北京大学出版社，2019，第231页。

字技术或积极参与围绕这一技术的决策。"[374] 造成这种局面的因素主要是社会和环境因素，例如，人工智能的开发与运用没有根植于性别平等的环境中，因此，我们需要通过多维度推动性别平等的行动来缩小性别数字鸿沟。

首先，在信息技术领域，女性的参与度严重不足，这为数字时代的性别平等带来了阻碍。国际电信联盟于 2016 年发布的《技术行业中的女性：情况报告》显示，2015 年只有 25% 的女性从事计算机技术类工作，且女性在软件开发、技术领导和其他对未来有革新意义的工作中的比例更小。[375] 1980—2010 年的信息技术创新中，有 88% 的专利是由纯男性发明团队创造的，相比而言，纯女性发明团队获得的专利仅占 2%。这说明目前世界上信息技术领域的专利基本都是由男性创造的。由此可见，整体而言，全球领域的信息技术在各个环节都缺乏女性视角，也不足以将性别敏感的因素和女性的需求加入程序考量。这也就意味着女性的需求整体都被信息技术的运作规则和程序边缘化了。例如，2015 年，亚洲女性在信息技术领域的工作内容和工作率为：研究领域 8%，计算机信息系统管理 4%，电脑系统分析 8%，信息安全分析 0，计算机硬件工程 4%，计算机编程 5%，软件开发 7%，网页开发 4%，计算机支持专家 2%，数据库管理 4%，网络和计算机系统管理 1%，计算机网络架构师 1%，运营研究分析 2%。[376]

374　联合国人权高级专员办事处：《弥合数字性别鸿沟》，https://www.ohchr.org/CH/News Events/Pages/BridgingDigitalGenderDivide.aspx，访问日期：2021 年 3 月 5 日。

375　国际电信联盟：《技术行业中的女性：情况报告》，第 2 页，https://www.itu.int/en/ITU-D/ Digital-Inclusion/Women-and-Girls/Girls-in-ICT-Portal/Documents/ncwit_women-in-it_2016-full-report_ final-web06012016.pdf，访问日期：2021 年 3 月 5 日。

376　国际电信联盟：《技术行业中的女性：情况报告》，第 8 页，https://www.itu.int/en/ITU-D/ Digital-Inclusion/Women-and-Girls/Girls-in-ICT-Portal/Documents/ncwit_women-in-it_2016-full-report_ final-web06012016.pdf，访问日期：2021 年 3 月 5 日。

从这组数据不难看出，女性在计算机领域的重要工作中占比非常小，有的领域甚至不存在女性。这样的行业性别分布足以使得整个科技及其相关的行业都只能反映男性经验，体现男性需求。

然而，这样的现状并不意味着女性对这些领域不感兴趣或者不能胜任。相关研究还表明，大约8%的女性喜欢计算机领域的工作，但是其中大约56%的人在中年时期选择离开这一领域。这些女性选择离开该行业的一个原因是缺乏通往关键创新职位的渠道。[377] 可见，女性在计算机行业的领导力角色十分匮乏，而这种局面的产生并不仅是因为女性的专业能力与喜好不足，还与女性长期面临的社会与行业偏见相关。

虽然有小部分女性在计算机领域供职，但是女性和男性在最集中的职位分布上是存在差别的。男性在科技行业就职的前五名岗位依次为：软件工程、系统管理、项目经理、IT 管理、应用开发；女性就职的前五名岗位依次为：项目经理、业务分析师、IT 行业其他岗位、质量保证测试员、技术招聘专员。[378] 这表明，在计算机细分领域男性和女性在职业路径上也存在差别。男性从事着行业核心技术部门的职位，而女性则处于辅助性较强的部门。这与其他行业中呈现的职业性别隔离是一致的，而且出于对女性"不适合自然科学"之类的偏见还会使这个信息技术行业中的女性的处境

377　国际电信联盟：《技术行业中的女性：情况报告》，第 9 页，https://www.itu.int/en/ITU-D/Digital-Inclusion/Women-and-Girls/Girls-in-ICT-Portal/Documents/ncwit_women-in-it_2016-full-report_final-web06012016.pdf，访问日期：2021 年 3 月 5 日。

378　国际电信联盟：《技术行业中的女性：情况报告》，第 14 页，https://www.itu.int/en/ITU-D/Digital-Inclusion/Women-and-Girls/Girls-in-ICT-Portal/Documents/ncwit_women-in-it_2016-full-report_final-web06012016.pdf，访问日期：2021 年 3 月 5 日。

更加困难。[379]

虽然很多研究数据以及女性自己都表明女性在争取领导层职位方面存在困难，但是也存在大约 1/3 的信息官员不认为女性在计算机领域代表性不足。[380] 这种对女性在数字行业整体情况的忽视将使扭转女性在科技领域处于劣势的职业生涯现状变得更加困难。这将打击女性在计算机领域的信心与职业进阶的勇气。当女性在科技行业不能实现事业上的满足时，她们将转而投向其他行业去获取自己想要的成就感，最终在科技领域的女性将陷入这样的无限循环。如果这种情形得不到纠正，女性将越来越落后于科技发展的步伐，性别数字鸿沟将增大，也愈加难以调整。

虽然随着时间的推移，性别数字鸿沟越来越成为热议的话题，但是女性在科技领域代表性不足的问题似乎并未取得实质性的改观。2021 年 3 月 8 日，联合国教育、科学及文化组织在世界经济论坛发布的《女孩的困境：突破人工智能中的偏见》中指出：全世界范围内，人工智能领域的从业者只有 22% 是女性，女性将计算机知识转变为工作技能的人数占男性的 1/4，这种局面的发展将导致到 2022 年，85% 的人工智能输出结果会产生对女性的性别偏见。[381] 在论坛上，一位人工智能领域的女性政策研究员兼项目经理称，为了纠正人工智能领域的性别失衡现象，社会对女性在掌握信息和技术方面的偏见首先应该得到纠正。一位倡议人工智能发展的非洲妇女

---

379 对女性从事科学工作的偏见，参见玛丽·弗兰克·福克斯：《女性与科学职业》，载章梅芳、刘兵编《性别与科学读本》，上海交通大学出版社，2008，第 216~230 页。

380 国际电信联盟：《技术行业中的女性：情况报告》，第 17 页，https://www.itu.int/en/ITU-D/Digital-Inclusion/Women-and-Girls/Girls-in-ICT-Portal/Documents/ncwit_women-in-it_2016-full-report_final-web06012016.pdf，访问日期：2021 年 3 月 5 日。

381 UNESCO, "Girl Trouble: Breaking Through Bias in AI", accessed March 1, 2021, https://events.unesco.org/event?id=1133699146&lang=1033.

也表示，人工智能这个新世界如果缺少了女性开辟者，那么这个世界就会产生对女性的偏见，为了解决这一问题，我们需要更多的与女性相关的数据。[382]

其次，我国科技领域从业人员也存在类似的性别差异情况。虽然女性科技人才建设取得了进步，但是与男性相比差距依然很大，岗位越高女性数量越少且比重偏低。例如，中国科学院女院士不足 7%，中国工程院女院士不足 5%。[383] 社会对女性参与科技领域的工作仍然持偏见态度。为了改变这一状况，需要政策和资源支持女性在科技领域，特别是人工智能领域的职业发展。目前，我国仍然处于人工智能发展的初期，就业市场更多需求指向基础类技术人才，具备丰富人工智能经验的人才不足。随着人工智能的发展成熟，未来就业需求量增加的领域包括机器人外观和性格设计、机器人培训与监督，就专业而言，计算机科学和电器工程学将成为重点领域。[384] 这些也为那些对人工智能感兴趣的女性带来了机遇。当女性在人工智能领域积极发挥自我价值并证明自己的能力时，人工智能为女性敞开的机会也会越来越多。

最后，老年女性群体也面临着性别数字鸿沟问题。这里就涉及年龄和

---

[382] UNESCO, "Girl Trouble: Breaking Through Bias in AI", accessed March 1, 2021, https://events.unesco.org/event?id=1133699146&lang=1033.

[383] 国家统计局社会科技和文化产业统计司：《中国社会中的女人和男人：事实和数据（2019）》，第 128 页，https://bbs.pku.edu.cn/attach/63/6e/636e4ad11325ae70/%E5%9B%BD%E5%AE%B6%E7%BB%9F%E8%AE%A1%E5%B1%80-%E4%B8%AD%E5%9B%BD%E7%A4%BE%E4%BC%9A%E4%B8%AD%E7%9A%84%E7%94%B7%E4%BA%BA%E4%B8%8E%E5%A5%B3%E4%BA%BA%20%E4%BA%8B%E5%AE%9E%E4%B8%8E%E6%95%B0%E6%8D%AEWomen%20and%20M，访问日期：2021 年 3 月 6 日。

[384] 中国发展研究基金会、红杉资本：《投资人力资本，拥抱人工智能——中国未来就业的挑战与应对》，https://cdrf.org.cn/jjh/pdf/822.pdf，访问日期：2021 年 3 月 5 日。

性别的交叉弱势。其一，老年群体整体面临着运用数字技术方面的障碍。2020 年有不少媒体报道老年人在使用人脸识别技术以及扫描健康码等方面遇到困难，无法正常进行业务或出行。根据 2021 年中华人民共和国全国人民代表大会及中国人民政治协商会议（以下简称两会）的热点报道，我国共有 60 岁以上老人约 3 亿人，占总人口的 21.35%，其中掌握上网技术的大约有 1.1 亿人，不掌握上网技术的大约有 1.9 亿人。[385] 不懂上网已经给老年人的生活带来了很多不便，例如，银行线下人工服务减少导致办事难度增加，不会使用微信或支付宝等电子支付方式导致支付不便，买票或医院挂号困难，不会使用健康码导致疫情期间出入困难等。此外，现在的智能手机和网络应用欠缺对老年人需求的考虑，加大了老年人使用网络的困难度。这些困难包括广告太多、软件功能难以分辨、页面内容过多、字体太小、诱导下载众多其他软件、缺乏人工指导、诱导分享至群聊等。2021 年两会期间，已经有不少人大代表及政协委员建议网络与科技发展与老年人的需求相配套，解决老年人数字鸿沟问题。[386]

其二，女性老年群体面临的运用数字技术方面的障碍更大。2018 年，人民网与腾讯联合发布了《中老年人上网状况及风险网络调查报告》，该报告显示 50 岁及以上的中老年网民中，有 1/3 的人每天上网时间大于 3 小时，大约一成的人每天上网超过 6 小时，男性平均每天上网时间略高于女

---

385 南都传媒：《2021 全国两会点点看》，https://m.mp.oeeee.com/h5/pages/v20/twoSessions 2021/?id=Mars4_content，访问日期：2021 年 3 月 5 日。

386 南都传媒：《2021 全国两会点点看》，https://m.mp.oeeee.com/h5/pages/v20/twoSessions 2021/?id=Mars4_content，访问日期：2021 年 3 月 5 日。

性。[387] 不少女性老年人很少接触网络，与社会相对脱节，不能分辨网络信息的真假，容易受到网络上诈骗信息的迷惑，尤其是情感诈骗。[388]2019 年，腾讯 110 发布的《中老年人反欺诈白皮书》显示，相比年轻群体，中老年女性更加容易受到网络欺诈，具体类型从案发率由高到低集中于：网购交易诈骗、返利诈骗、交友诈骗、兼职诈骗、仿冒诈骗以及金融信用诈骗。[389]此外，更多老年女性运用智能手机比老年男性困难。可见，老年女性是性别数字鸿沟议题下需要特别关注的群体。

二、平台经济中的性别数字鸿沟

性别数字鸿沟不仅体现在科技工作直接参与度方面，在平台经济中也有体现。平台经济虽然给女性整体带来了新的就业机遇，但是女性群体能在多大程度上在这场新时代的就业变革中获益，仍然需要观察。一部分弱势妇女群体在网上的就业创业面临困难，主要原因是女性受教育水平相对较低，或在受教育过程中受到专业性别隔离的影响，在新兴技术的掌握和创业资源整合的能力上较弱，因此，无法充分利用平台经济的资源。

北京大学社会学学者的一项研究则表明，劳动者对互联网的使用带来

---

387 《网络诈骗手法变化多端，中老年人也深受其害》，https://www.sohu.com/a/240969381_100203232，访问日期：2021 年 3 月 5 日。

388 刘欣：《假新东向六旬大妈表白，真新东出手了！》，https://mp.weixin.qq.com/s/MGp13CiVTY9HhzLu2cEQSQ，访问日期：2021 年 3 月 5 日。

389 《腾讯 110〈中老年人反骗诈白皮书〉发布 70 后成诈骗重灾区》，https://new.qq.com/omn/CAD20191/CAD2019101000145200.html，访问日期：2021 年 3 月 5 日。

的工资溢价效应存在明显的性别差异，男性明显要比女性高。[390] 这其中既有结构性的原因，也有劳动者个体的原因。

首先，在互联网使用机会上存在性别差异，男性比女性高出 3.8 个百分点。而在互联网使用偏好和使用方式上，男性比女性更多地使用网络进行工作与学习，从而实现人力资本的再积累。而在女性劳动者群体中情况又需要细分，性别观念越平等的女性越多地使用网络进行人力资本再积累，因而获得的工资溢价效应也越高。[391]

其次，受地域发展不平衡的影响，不同地区女性对人工智能技术的掌握和运用程度有明显差异。南方市场比北方市场发展快，长三角地区最为拔尖；北京、上海、广州、深圳、杭州、天津、南京、苏州、成都、武汉、西安、郑州、重庆等一线、二线城市对数字技术的需求更多。[392] 因此，在人工智能驱动社会发展的背景下，身处不同区域的女性的收入不平等也可能会加剧。人工智能创造了很多如数据收集和图形标注等的基础工作，工作技能要求低，待遇也较低，这部分工作开始向低技能妇女转移。[393]

在平台经济创新方面，虽然不少事例都说明了平台经济为女性带来了大好机遇，但是女性创业依然面临诸多困难。研究表明，女性创业的原因更多的是找工作面临困难、寻求经济独立或为了灵活安排时间以便照顾

---

390 庄家炽、刘爱玉、孙超：《网络空间性别不平等的再生产：互联网工资溢价效应的性别差异——以第三期妇女地位调查为例》，《社会》2016 年第 5 期，第 88-106 页。

391 庄家炽、刘爱玉、孙超：《网络空间性别不平等的再生产：互联网工资溢价效应的性别差异——以第三期妇女地位调查为例》，《社会》2016 年第 5 期，第 88-106 页。

392 中国发展研究基金会、红杉资本：《投资人力资本，拥抱人工智能——中国未来就业的挑战与应对》，https://cdrf.org.cn/jjh/pdf/822.pdf，访问日期：2021 年 3 月 5 日。

393 中国发展研究基金会、红杉资本：《投资人力资本，拥抱人工智能——中国未来就业的挑战与应对》，https://cdrf.org.cn/jjh/pdf/822.pdf，访问日期：2021 年 3 月 5 日。

家庭。[394] 相反，大多数男性创业的目的是追求财富或者创造自我价值与成就。[395] 这说明了男性和女性在平台创业中希望获得的回报有着一定的差别。在这种差别下，男性和女性在工作中获得信息方面也会相应地出现差距，进而拉大性别数字鸿沟。例如，2016 年上海财经大学进行了一项名为"千村调查"的研究发现，26.2% 的农民创业者赞同在农村地区重男轻女的现象比较严重；47.8% 的农民赞同女性在家照顾小孩或老人。[396] 这说明在农村地区，妇女面临的就业束缚更严重。同时，女性可能因为自己也持有落后的性别观念而为自身创业设限，在面临外部性别角色观念压力的时候容易选择放弃。[397] 这些因素在人工智能发展时期依然存在。这样的意识不仅会阻碍女性抓住人工智能背景下的机遇，也不利于女性打破数字鸿沟中的弱势地位。

为了抓住互联网带来的创业机遇，推动妇女工作权的实现，国家应该出台相应的政策鼓励妇女提高掌握最新信息技术的能力，有机会参加关于大数据、互联网平台经济等相关内容的培训与学习，掌握前沿的学习热点，紧跟时代步伐，创造核心平台经济运营竞争力。

394　许艳丽、郭达：《近 20 年国外创业性别差异研究综述》，《妇女研究论丛》2015 年第 6 期，第 110-117 页。

395　周萍、肖喜明：《新媒体环境下女性创业支持体系优化研究》，《特区经济》2020 年第 10 期，第 150 页。

396　周萍、赵康生、蔺楠：《性别平等环境与农村女性的创业绩效——基于上海财经大学"千村调查"数据的实证分析》，《产经评论》2019 年第 2 期，第 67-82 页。

397　周萍、肖喜明：《新媒体环境下女性创业支持体系优化研究》，《特区经济》2020 年第 10 期，第 151 页。

三、缩小性别数字鸿沟的良好实践：人工智能脱贫

在中国，人工智能脱贫计划类项目成为助力女性摆脱贫困的重要内容。电商扶贫就是其中重要的政策之一。一方面，女性发挥着主体作用，推动电商扶贫；另一方面，通过电商的经营模式带动女性脱贫。在电商扶贫领域，山东省菏泽市湾子张村某位女性就通过电商经营板凳发家致富。女性在电商中具有以下优势：（1）女性更加了解女性群体所面临的困难与需求；（2）女性的理念更加符合女性自身的特点；（3）女性更加擅长与女性沟通交流；（4）与男性的权威感相比，女性更加有亲和力。[398] 女性的这些特点使得女性自身在助力女性群体脱贫方面产生积极的效果。

女性榜样的力量更是促进了女性群体的集体自信心。在这样的环境影响下，农村对女性创业的偏见也逐渐改变，有利于为女性就业营造包容的社会氛围。不过这个成功案例还有另外一个侧面，即这样的经营模式是与女性优势结合的典型例子。电商平台中，女性细腻和周到的服务态度和耐心使得女性在售前和售后环节都能良好地把握工作细节。此外，女性比男性更加倾向于参与扶贫类帮助他人的工作，这也使得电商扶贫中有更多女性身影。[399]

在电商扶贫领域，还有一个典型的例子：2019 年 8 月，支付宝公益基

398　刘美一、田如月、秦晴等：《性别视角下电商扶贫的效用及反思——基于 Z 厂的个案研究》，《价值工程》2020 年第 19 期，第 6 页。

399　刘美一、田如月、秦晴等：《性别视角下电商扶贫的效用及反思——基于 Z 厂的个案研究》，《价值工程》2020 年第 19 期，第 7 页。

金会、阿里巴巴人工智能实验室与中国妇女发展基金会共同发起了"AI 豆计划"，旨在培训贫困女性成为"人工智能培育师"，促进女性在家乡实现脱贫。[400]"人工智能培育师"的工作是帮助人工智能进行学习和认知，训练机器模型，以便让人工智能机器识别海量的文字、图片、视频等内容。该项人工智能扶贫计划将"技能培训、产业孵化与订单扶持"一体化落实，由阿里巴巴公司人工智能实验室向试点地输送 1000 万元产值的订单，向参加培训的人提供"AI 标注师"技能考核机制并辅以志愿者帮扶学习。这个项目特别关注了农村妇女、贫困妇女、留守妇女、困境妇女等妇女群体中更容易被边缘化的人群。[401] 对于陷入农村贫困的妇女而言，这些新颖的工作机会成了她们的重要生活来源。但是，从人工智能发展红利的角度看，她们仍然处于人工智能发展的最基础阶段。这也是女性在数字鸿沟中的另一个极端的表现。与科技界女性难以获取人工智能高层技能相比，人工智能最基础的技能正在向社会部分边缘化的女性转移。

　　人工智能也为被传统经济边缘化的女性带来了前所未有的资源。目前，较好的经验包括农村妇女将手工业制品和农产品等当地特色产品通过互联网向全国进行销售，进行创收。[402] 除了电商平台的积极作用之外，很多妇女权益机构为妇女适应平台经济的发展推出了众多培训项目。例如，中国妇女发展基金会举办的"她创业计划"带动了"协会＋农户""公司

400　覃淋：《大山里的"人工智能培育师"》，《当代贵州》2019 年第 44 期，第 26 页。

401　覃淋：《大山里的"人工智能培育师"》，《当代贵州》2019 年第 44 期，第 27 页。

402　朱瑾、王蕾：《女性互联网创业就业现状及提升策略研究》，《现代商贸工业》2017 年第 8 期，第 86 页。

＋农户""企业＋基地＋农户"的运作模式，实现了妇女创业脱贫。[403]

四、小结

在全球范围内，女性在掌握信息和网络技术方面以及相关领域的创新方面，相较于男性都处于弱势地位。无论是计算机技术和网络相关领域的研发、创新、核心竞争力和领导力方面还是在整体就业代表性方面，女性的参与都严重不足。这就导致了科技领域的产品中，女性的需求难以得到体现和满足，女性获取信息的能力也因此受到限制。这些差距也影响到妇女的工作权和发展，导致人们对女性在科技领域的能力偏见加深，女性难以在科技相关的职位上取得较高成就和较高地位等。

在平台经济中，男性总体上比女性更善于利用互联网实现资源积累和提高个人技能。受地域科技发展不平衡因素等影响，女性对技术的掌握也出现了地域性偏差，经济发达地区的女性比经济落后地区的女性更能掌握信息技能和知识。

在平台创业方面，男性更加趋向于对个人价值和成就的追求，而女性则更多为了增加额外收入或者出于在传统行业找工作遇到困难等因素。动机的不同造成了男女在追求技术进步方面的差距。这也是性别数字鸿沟在互联网平台创业中的体现。

面对平台经济展现出的性别数字鸿沟，国家有必要积极干预，充分

---

403 范鹏：《电商平台经济赋能农村劳动力就业创业的新特征初探》，《新疆农垦经济》2020年第 7 期，第 15 页。

利用平台的优势使其有利于促进性别平等。例如，我国利用平台经济帮助妇女脱贫就是一个缩小性别数字鸿沟的良好实践。不少脱贫项目都直接服务于身处贫困中的女性，其中不乏人工智能技术进驻贫困村赋能女性脱贫的案例。一些最基本的人工智能技术向农村妇女转移，一方面为她们提供了工作和脱贫的机会，另一方面为人工智能基础性工作找到了适合的人群。

第五节　法律与政策如何回应平台经济

平台经济为女性提供了更多的机遇和资源，打破了一些传统规则对女性的束缚。这对女性而言，既是机遇，也是挑战。平台经济在发展的过程中出现了一些有利于实现妇女工作权的良好实践，但也存在很多问题。为了引导平台经济的健康发展，国家必须充分意识到平台经济对妇女工作权的积极意义和可能的挑战，主动作为，制定法律和政策以促进平台经济发展，克服大数据和算法可能造成的性别歧视，向有利于性别平等的方向发展。国家还应指导行业在制定规则时纳入性别视角，促进妇女工作权的实现。

一、传统法律应对平台经济的局限

随着人类进入第四次工业革命，数字和人类生活逐渐融合，现有的反歧视法律和相关理论无法解决平台世界中很多的差异问题。平台世界复制了实体世界中带有性别差异的规范和模式。然而，这些差异中的许多问题在传统理论下是不可诉的，法律和政策制定者应该思考这个新世界应该如何发展。平台经济带来的就业变革应该受到法律和政策的良好应对。除了传统的法律视角，性别视角也需要得到更多的重视。平台经济中的性别差异来源于消费者的偏见和个人偏好，并表现为男性和女性在各种事情上的不同选择与体验。并不是所有差异都可以或应当可诉，法律必须回应各种权衡。[404] 有些情况下平等待遇可能与机会均等相冲突，效率可能与监管相冲突。但平台开发者们必须意识到，他们的算法和商业实践会对性别平等造成何种影响，这将有利于从根源上解决平台经济中的性别偏见。

传统的反歧视法包括两种内涵：一是道德的，即歧视是错误的；二是框架的，即推动劳动者集体的平等。平台世界与传统的反歧视法存在的世界完全不同，平台世界中的工作与传统的稳定、有保障、标准的工作不同。平台对女性更加开放，女性在平台中的代表性也更高。同时，传统经济中的标准和规则在平台中难以适用。因此，对平台经济的规制需要依据平台的特点进行专门的研究。

传统的反歧视法在面对平台经济中的一些性别差异时常常显得无所适从。例如，零工经济中的薪水每天都在变，每一项工作所消耗的时间可能非常灵活且难以预测。这种情况在适用传统经济的男女同工同酬标准时就很难评估。算法导致的招聘歧视用传统的反歧视法也很难规制。

如果传统的反歧视法在平台世界中并无法有效地回应女性的需求，那

404　Naomi Cahn, June Carbone and Nancy Levit, "Discrimination by Design", *Arizona State Law Jounral*, no.1（2019）：69.

么就需要寻找其他可替代的选择。平台经济中的性别差异既可能是由歧视产生，也可能是由其他原因导致。在应对这种情况时，也许需要重新定义平台经济中的平等，也需要重新审视劳动本身。

传统就业观在平台经济下受到了冲击，而原有的法律和制度却不能满足现实的需求，新兴的平台很少受到规制。实际上，新系统的核心恰恰在于能够匹配个体偏好而采取可以绕开法律、监管、规范、标准及习惯这些约束传统交易的去中心化的方式。这种情形一方面为阻断传统经济中的性别规范创造了条件，另一方面为新经济中实现性别平等设置了障碍。[405]

就劳动者而言，传统经济中适用于全职劳动者的各种保护、标准和救济都很少适用于平台劳动者，但这也使得平台降低了成本。要打破这种僵局需要明确国家、企业和劳动者各方的责任与义务，例如，国家应当加强对这些劳动者的社会保障，使企业应当更加合理地确定他们的收入等。

性别差距表明，需要对如何保护平台世界中的劳动者这一问题作出基础性的重新思考。平台经济中的性别差距，很大程度上并不是传统意义上在招聘或晋升中的歧视，甚至并不是出于平台自身的偏见。很多问题是由于缺乏监管、安全保护和社会规范而产生的。平台经济中出现的性别差异不一定在道德上可谴责、在现行法下可起诉以及在监管体系中被监管。此种新经济的真正问题在于缺乏福利、稳定性及晋升机会。现行反歧视法律除了解决最明显的性别歧视之外很难起作用，仅仅修订传统的反就业歧视法是不够的。法律和政策还应当关注平台经济劳动者是否获得了足够的保

---

[405] Naomi Cahn, June Carbone and Nancy Levit, "Discrimination by Design", *Arizona State Law Jounral*, no.1（2019）: 69.

护，获得了医疗、养老和其他社会保障，以及因为家庭需要照顾而休假的权利。[406] 而更需要重新思考的是，我们需要什么样的法律使更多人而不仅是平台拥有者从平台经济中获益。[407]

二、法律和政策如何回应平台经济

对于女性劳动者在新业态中面临的以上突出问题，国家在法律和政策上应该有针对性的回应。现有的解决性别不平等问题的法律和政策零碎而不全面。

对于平台经济中的性别职业隔离现象，国家应支持更多的实证研究，更精确地掌握各类平台就业的性别分类数据和状况，分析其与传统经济的异同，从而制定有针对性的政策与法律。例如，我国网约车司机目前90%以上为男性。人身安全、工作时长都是制约女性进入该行业的因素。国家可以通过法律政策激励平台企业加强平台责任，从技术上降低网约车司机的人身风险，在工作时长上提供灵活性标准等。此外，可以通过公共就业服务为女性劳动者提供有针对性的职业培训和就业服务，帮助女性进入男性主导的行业。

传统经济中就业性别歧视的一大来源是生育歧视，而应对生育歧视的

406　IBA Global Employment Institute, "Artificial Intelligence and Robotics and Their Impact on the Workplace", 2017, p.16, accessed May 1, 2021, https://www.researchgate.net/profile/Mohamed-Mourad-Lafifi/post/Social_Robots_or_robots.

407　IBA Global Employment Institute, "Artificial Intelligence and Robotics and Their Impact on the Workplace", 2017, p.16, accessed May 1, 2021, https://www.researchgate.net/profile/Mohamed-Mourad-Lafifi/post/Social_Robots_or_robots.

最直接措施就是完善生育的社会保障体系，尤其是生育保险和育儿的公共服务体系。此外，国家构建完善的生育支持系统将有助于减少生育对女性带来的职场歧视。经济补贴、幼儿托育服务、企业生育税收优惠、增加对医疗和教育方面的支持等都是一些良好实践。减少生育歧视，女性劳动者的境况无论在传统经济还是新业态中都会得到改善。因此，国家应推动生育保险支持父母育儿假，普及完善托儿所等公共育儿机构。从政策角度来看，需要更多地倡导父母有着共同的育儿责任，减少育儿主要是母亲责任的性别刻板印象。这方面的措施在我国实施"三胎"政策的背景下显得尤其重要。

针对数字的性别鸿沟，应当增强女性劳动者对互联网的使用，并提高其使用效率。例如，从政策上推动女性劳动者网上创业的能力建设，通过技能培训和树立榜样的方式切实帮助女性解决网络创业难题。还应当完善社会公共服务支持体系，在社会支持、文化支持、家庭支持三个方面为女性网上就业、创业创造有利环境。联合国倡议各国促进各个年龄段的妇女都能平等地获取或参与科学、技术和创新领域的培训和就业机会。[408] 政策制定者应该注意摒弃女性在科技领域面临的偏见，纠正社会上对女性在此领域不如男性的看法，注意调整女性与科技之间的关系。[409]

在人工智能的设计和运用上应该体现一些基本的道德和职业原则的约束。例如，业内人士所建议的道德准则包括：公平、包容、透明、负责、

---

[408] 联合国：《妇女和女童参与科学国际日》，https://www.un.org/zh/observances/women-and-girls-in-science-day/background，访问日期：2021 年 3 月 5 日。

[409] Mounika Neerukonda, Bidisha Chaudhuri, "Are Technologies (Gender)-Neutral: Politics and Policies of Digital Technologies", *ASCI Journal of Management*, 2018, 47 (1) Spl: 32–44.

可靠与安全、隐私与保密。[410] 将这些准则应用在平台经济中将促进平台经济的良性发展。法律和政策应该推动电商平台和资金运营平台对妇女发展互联网平台经济的支持，完善制度建设和政策扶植，保障妇女就业权益。[411] 这些政策应当包括：加强互联网建设战略，通过政策普及互联网覆盖率，保障女性获得互联网资源与渠道。[412] 这样的理念将女性作为科技的生产和制造人，而不是被边缘化的角色。

政策还应该注重推动将性别问题纳入科技革新，鼓励女性成为创新者和企业家，并且在科技变革中对女性的需求进行投资。[413] 在解决女性劳动者面临的突出问题方面，法律在规制互联网和平台经济时，可以设定一些基本的劳动保护措施，至少为那些在网络上工作时间很长的人提供保障，例如，最低工资、相应的医疗保险、家庭假等。[414] 此外，推动平台经济企业社会责任的落实也将有力地促进女性劳动者权益的保护。

三、小结

平台经济中性别不平等现象的原因众多，且与传统经济有着明显的差

---

[410] 中国发展研究基金会、红杉资本：《投资人力资本，拥抱人工智能——中国未来就业的挑战与应对》，https://cdrf.org.cn/jjh/pdf/822.pdf，访问日期：2021年3月5日。

[411] 朱瑾、王蕾：《女性互联网创业就业现状及提升策略研究》，《现代商贸工业》2017年第8期，第86页。

[412] 毛宇飞、曾湘泉：《互联网使用是否促进了女性就业——基于CGSS数据的经验分析》，《经济学动态》2017年第6期，第30页。

[413] 毛宇飞、曾湘泉：《互联网使用是否促进了女性就业——基于CGSS数据的经验分析》，《经济学动态》2017年第6期，第30页。

[414] Arianne Renan Barzilay, Anat Ben-David, "Platform Inequality: Gender in the Gig-Economy", p.422, accessed March 5, 2021, https://scholarship.shu.edu/cgi/viewcontent.cgi?article=1588&context=shlr.

别。传统的反歧视法已经不足以规制平台经济中的性别歧视现象。传统经济下的反歧视要求在平台经济中难以发挥作用。平台经济的灵活性、多变性、客户选择性、项目制等特点使得男、女劳动者在存在差距的时候难以判断和认定哪些是由平台中的歧视行为所导致的。因此，现有的反歧视法律需要经过一定的调整以实现其在平台经济中的有效规制。

目前，我国已经出台一些相关的法律制度和指引规范，例如《电子商务法》。未来，相关的法律和制度还需要进一步完善。这其中需要更多的女性视角，即在法律和政策中更多地考虑女性面临的困难和诉求，呼应和保障女性的权益。通过法律规制平台经济将是最有效的做法。平台经济中已经暴露出来的可能侵犯女性权益的方面需要明确的规则和机制予以纠正。例如，通过法律和政策纠正平台经济中的职业性别隔离现象，纠正传统职业性别歧视，推动社会解决不同女性群体面临的性别数字鸿沟问题等。此外，对人工智能领域进行行业约束和道德约束，减少侵害女性权益的实践也将促进女性权益的保障。总之，法律需要对人工智能和平台经济的相关领域进行规制，并且利用这一契机加强性别平等规则在这些领域和行业的应用和实践，以及宣传和推动全社会提升性别意识。

第四章　人工智能与家庭照顾劳动

随着人工智能的发展，目前已经有不少家务机器人能够帮助人类打扫卫生或者照顾老人、儿童等。这些机器人的功能已经可以替代部分人工劳动。例如，智能家电能够减轻家务的劳动量，智能老年穿戴设备能够防止老人走失，智能机器人可以帮助老人记录吃饭或服药等活动的周期和时间。可见，人工智能技术有助于缓解人类的家庭照顾负担，实现人机合作的模式，提高照顾工作的效率和精准度。因此，在家政行业和家务领域，人们越来越关注人工智能是否能够为人类家务解放和家政行业智能化带来福音。这样的议题对劳动力市场和家庭需求具有重要的现实意义。前文已经指出在现有的社会性别分工模式下，女性是主要的家庭照顾劳动者，这种模式影响了女性工作权的实现。因此，这个议题对性别平等和保障女性的平等工作权有着非常重要的意义。

最近，一项由中华全国总工会女职工委员会组织开展的家庭无酬劳动对职工就业和职业发展的影响调研也证明了女性承担大量的家庭照顾任务是我国女性遭受就业歧视的重要原因。可以预见,在全国放开"三孩"政策以及人口老龄化的背景下,女性的家务劳动量将更大,女性因此面临的职场歧视现象也很可能变得更加严重。[415] 在实践中,已经有不少女性承受着职场性别歧视的消极影响。具体表现为:由于家务劳动需求特别是生育原因,34.5% 的女性收入减少,24.2% 的女性的升职机会受到影响,17.7% 的女性离开职场,16.6% 的女性失去提升技能的机会,16.3% 的女性产假后未能继续原岗位工作,还有 7.8% 的女性社会保险中断。[416]

为了探究人工智能在家庭照顾领域的性别影响,本章将从以下四个方面进行研究:人工智能替代家庭照顾劳动的现状与前景;人工智能替代家庭照顾劳动的性别影响;人工智能对有酬家庭照顾劳动的性别影响;人工智能对无酬家庭照顾劳动的性别影响。

第一节 人工智能替代家庭照顾劳动的现状与前景

在家庭领域,家庭照顾劳动是消耗人力资源的重要来源。随着人工智能产品深入家庭,市场上已经出现不少可以帮助人类进行家庭照顾劳动的

---

[415] 全国妇联女性之声:《全国政协委员杨军日建议:男女共担、社会化分担家务劳动,推动构建家庭友好型社会》,https://www.toutiao.com/w/i1693454917874691/,访问日期:2021 年 2 月 25 日。

[416] 全国妇联女性之声:《全国政协委员杨军日建议:男女共担、社会化分担家务劳动,推动构建家庭友好型社会》,https://www.toutiao.com/w/i1693454917874691/,访问日期:2021 年 2 月 25 日。

机器人。这些人工智能产品在家庭领域会有怎样的作用？本节将重点关注家庭照顾劳动的供需情况、有酬照顾劳动和无酬照顾劳动的关系、人工智能在其中扮演的角色、政府对人工智能在家庭领域运用的规划以及人工智能对家政行业发展方向的作用。

一、家庭照顾劳动的现状与发展趋势

国际劳工组织将家庭照顾劳动分为三大类:（1）家务劳动，如烹饪、清洁、为家庭购物等;（2）对家庭成员的照顾工作，如喂养婴儿或照顾生病的伴侣，送孩子上学或课外班，监督孩子学习等;（3）社区服务，即在社区进行的支持其他家庭的直接或间接的志愿活动。[417] 按照劳动者是否获得报酬又可分为有酬家庭照顾劳动和无酬家庭照顾劳动。

随着中国步入老龄化以及"三胎"政策的实行，将出现对家庭照顾劳动的巨大需求，因此人工智能在家庭儿童教育和护理方面也将有广阔的发展前景与市场需求。[418] 如果生育率保持不变，当 2000 年之后出生的人进入生育年龄后，有些家庭可能出现一个家庭中一对夫妻要面对四个父母和一个孩子，还有八位老人。[419] 由于子女和老人异地居住的现象越来越普遍，子女守在老人身边照顾的情况总会面临着各种压力和挑战。尤其在农村地

417　ILO, "Care Work and Care Jobs–for the Future of Decent Work", 2018, p.43, accessed March 8, 2021, https://www.ilo.org/wcmsp5/groups/public/-dgreports/-dcomm/-publ/documents/publication/wcms_633135.pdf.

418　林超艺:《人工智能在智慧家庭和垂直行业的应用及运营商布局建议》,《海峡科学》2020年第 2 期，第 48 页。

419　中国发展研究基金会、红杉资本:《投资人力资本，拥抱人工智能——中国未来就业的挑战与应对》, https://cdrf.org.cn/jjh/pdf/822.pdf, 访问日期: 2021 年 3 月 5 日。

区，由于基础设施较落后，专业人员缺乏，社区和养老机构发展缓慢，难以满足老人的需求。在这种背景下，仅仅依靠家庭成员的个人力量实现对家中老人的照顾已经不符合现实情况。但是有经验的专职照顾人员又较为匮乏，尤其在大城市，由于家庭逐渐"原子化"[420]和家庭成员的生活压力增大，供给难以跟上巨大的需求。而女性往往承担了家庭中照顾者的角色，因此增加的照顾压力往往会转移给女性。而人工智能的应用将有助于缓解女性在家庭照顾劳动中的压力。

二、无酬家庭照顾劳动和有酬家庭照顾劳动的关系

无酬家庭照顾劳动和有酬家庭照顾劳动存在密切的关系，并且会相互作用。无论是无酬还是有酬，照顾劳动女性化是一个全球现象。照顾劳动的性别分工状况是一个国家和社会性别平等状况的重要参考指标。

总的说来，当一个社会对照顾劳动的经济和情感支撑价值持更肯定的态度的时候，即承认和重视照顾劳动，无酬家庭照顾劳动和有酬家庭照顾劳动的工作条件都会更好。前者可以得到家庭成员更多的支持，包括更平等地分担家务劳动，给予照顾者更多的经济和情感支持。后者可以获得更为良好的工作条件，包括报酬、休假、安全健康保障以及其他就业条件，也有利于更多的男性进入有酬家庭照顾行业。

无酬家庭照顾劳动的条件会影响有酬家庭照顾劳动的工作条件。例

420　家庭"原子化"是指家庭成员逐渐脱离家庭共同体，而且相互之间联系的强度和长度都很低的状况。

如，国家为全职无酬劳动者提供养老金和其他社会保障，雇主给予有家庭责任的员工更灵活的工作安排，国家给予雇主相应的员工家庭责任补贴等，都有利于改善无酬家庭照顾劳动的条件。政府和社会（包括家庭成员）对无酬家庭照顾劳动的承认和重视，有助于在家庭内部实现照顾劳动的再分配，有利于减少女性的无酬家庭照顾劳动，并且有利于将部分无酬劳动转化为有酬劳动，并提高有酬劳动的报酬水平。

反之亦然，有酬家庭照顾劳动的工作条件也影响到无酬家庭照顾劳动的条件。政府对有酬家庭照顾劳动的政策，例如，对家政行业是否有财税支持，是否有政府购买服务项目等，是否将长期照顾服务纳入社保体系，是否为家政工提供良好的就业政策和法律保障，可以影响有酬家庭照顾市场的供给。当供给充分时，家政工数量充足，价格也较为合理，可获得性增加，可以帮助更多有照顾责任的女性获得有质量的家政和照顾服务，从而可以进入有酬就业行列，或者在有酬就业中能够投入更多的时间和精力，表现更为出色，因此提高收入。

综上所述，有酬家庭照顾劳动和无酬家庭照顾劳动的工作条件互相影响、互为因果。两者的条件改善，将总体上有利于女性的收入提高。有研究表明，收入更高的女性在家庭中的权利增加，有利于在家庭内部更加公平地分配无酬家庭照顾责任，从而形成有利于性别平等的良性循环。

三、人工智能在家庭照顾劳动中的应用前景

在有酬家庭照顾劳动力市场，家政行业是家庭照顾劳动力的供给方。但是家政行业普遍存在专业性不强、供给不足，以及需求和供给不匹配等

问题,因此,有研究认为未来在家庭照顾劳动中人工智能填补人力缺口的前景光明。[421] 人工智能与家政行业的结合是未来发展的重要趋势。在无酬市场,家政机器人也可以提供清扫和照顾方面的服务。

目前,中国的家用机器人市场正在逐渐扩展,主要产品包括:清洁类机器人和专门陪伴儿童和老人的陪伴型机器人。[422] 各类机器人总体需求都在增长,其中陪伴型机器人的市场需求量最大。清洁类机器人,例如,扫地和擦玻璃机器人消费增速最快。2019年,中国服务机器人占22亿美元的市场规模,未来有望引领全球服务型机器人行业。[423] 从这方面看,中国智能机器人的市场需求以及在家庭方面的应用前景都很广阔。

短期来看,服务机器人还处于发展的早期,市场需求不断增加,成熟发展和应用还需要一定时间;长期而言,服务机器人可能代替人并协助人完成一定工作,也可以实现与其他设备的互联,进入数字化时代。[424]2020年,国际自主智能机器人大赛专家委员会副主任张建伟教授表示,目前机器人热点研究领域包括:"机器人的深度学习、基于感知的运动和路径的规划、机器人的定位术、自主导航技术、定位和同步建图、机器人学习方法、人机交互等。在应用层面,医疗、仿生、抓取机器人、机器人视觉等将是研究热点。"[425] 这些机器人对家政行业可能产生变革意义。随着人工智

---

421 黄昕:《"人工智能+养老"服务模式探究》,《西安财经大学学报》2020年第5期,第38页。

422 牛立群:《家庭智能机器人的市场正在打开》,《现代家电》2016年第20期,第22页。

423 李思文:《2020中国服务机器人产业发展研究报告解析》,https://www.sohu.com/a/398525521_115035,访问日期:2021年3月5日。

424 李思文:《2020中国服务机器人产业发展研究报告解析》,https://www.sohu.com/a/398525521_115035,访问日期:2021年3月5日。

425 张莹、张倩:《自主智能机器人技术的发展与趋势——访2020年国际自主智能机器人大赛专家委员会副主任张建伟教授》,《微纳电子与智能制造》2020年第3期,第1页。

能的成熟，家政机器人将会掌握一些传统上通常由家政工进行的工作。而这类工作通常情况下是由女性承担的，那么未来家政女工想要在行业内保持竞争力还需掌握更多替代性较低的技能，例如，照顾婴幼儿的知识，或者为被照顾者提供情感支持等。

目前，日本和美国等发达国家已经在鼓励护理机器人的研发以支持照顾工作，特别是针对老人的照顾。[426] 在我国，随着老龄化的加速，照顾老人无论对家政行业还是社会家庭都是一项重要的内容。到 2019 年末，我国已经有 2.54 亿 60 岁及以上的老人，占人口总数的 18.1%。而民政部数据显示，截至 2020 年 3 月，我国有 200 多万老人住在约 4 万个养老院，但仅配备了 20 多万具备护理能力的工作人员。[427] 养老行业基本处于供不应求的状态。另外，还有大量的老人需要在家中获得照顾。这一缺口为人工智能提供解决方案创造了巨大动力。

另外，传统的养老服务比较注重标准化服务，在个性化方面有所缺失，智能养老服务有可能弥补这一欠缺，因为智能化的平台收集并整理的是个体信息和资料，并且完全依据个体的情况变化制订相应的计划和方案，有利于减少沟通成本，实现定制多元化。[428] 因此，人工智能在专业性上可以更加了解老人的个性化的需要。在便捷性方面，医疗与服务机器人能够自主完成系统设置的操作，根据现实中的情况作出相应的变通操作，

---

426 Jason Walker, "Does Our Future Depend on Elder Care Robots？" Waypoint Robotics, accessed March 5, 2021, https://waypointrobotics.com/blog/elder-care-robots/.

427 孔颖：《我国养老机构专业护工普遍短缺 养老护理行业为何留不住年轻人》，https://baijiahao.baidu.com/s?id=1684694894806158548&wfr=spider&for=pc，访问日期：2021 年 3 月 5 日。

428 杨玲、彭聪：《技术赋能背景下的养老服务供给模式演进》，《人口与社会》2020 年第 3 期，第 58 页。

也可以处理一些突发的事件，这类机器人的基础功能是在主人发出的指令指导下给主人准备茶水和药瓶。[429] 这几个例子表明，人工智能机器人在一些功能上已经能够达到良好的效果。机器人至少可以取代人类照顾者的一些基本功能，甚至在人类无法触及的领域发挥特长。从这些优点来看，人工智能的确具备完成部分人类工作的能力，也能够满足人们的现实需求。那么人工智能在照顾劳动中的发展时机是否到来？这就需要从整个社会对人工智能在照顾劳动中的角色定位来分析。

四、人工智能在照顾领域的发展规划

养老服务是照顾劳动的主要内容，人工智能在养老领域的应用在一定程度上可以反映出照顾劳动所在的整个行业的发展方向。为了解决养老的巨大需求得不到优质保障的问题，中华人民共和国工业和信息化部（以下简称工信部）在 2019 年表示，将要"推动 5G 在医疗、养老等公共服务领域深度应用"[430]。2017 年，国务院发布了《"十三五"国家老龄事业发展和养老体系建设规划》要求大力发展社区养老，提高养老服务设施建设，并且"探索建立长期护理保险制度、老年人监护制度，健全全国统一的服务质量标准和评价体系、养老机构分类管理和服务评估制度等"[431]。此外，李

429　明子成:《家庭护理机器人的设计》,《机器人技术与应用》2010 年第 4 期,第 37 页。

430　《5G 应用将迎大力度政策支持》,http://www.xinhuanet.com/tech/2019-07/18/c112476743 3.htm,访问日期: 2021 年 3 月 5 日。

431　崔静、罗争光:《突出养老体系建设 增进老年人福祉——全国老龄办有关负责人解读〈"十三五"国家老龄事业发展和养老体系建设规划〉》,http://www.gov.cn/zhengce/2017-03/15/content_5177770.htm,访问日期: 2021 年 3 月 5 日。

克强总理在 2020 年 5 月召开的第十三届全国人民代表大会第三次会议上做的《政府工作报告》中指出："要继续出台支持政策，全面推进'互联网＋'，打造数字经济新优势……发展养老、托幼服务。"[432]政府支持家政行业实现线上、线下融合的产业化与数字化发展路径。[433]这为人工智能服务养老行业奠定了政策基础，为人工智能与家政行业的结合开辟了新的发展空间。

人工智能应用所依赖的互联网设施建设也在中国不断完善。根据 2020 年 4 月发布的《中国互联网发展报告 2020》，截至 2020 年 3 月，我国网民人数已经达到 9.04 亿，互联网普及率为 64.5%，其中农村网民占 28.2%，男女网民的比例为 51.9∶48.1。[434]这些发展将为以互联网和科技为主导的人工智能家务工作奠定基础。女性对网络资源获取能力的不断加强将有利于女性家政人员或家庭照顾者将传统技能向人工智能背景下的技术转变。政策的支持与互联网基础设施的完善也将极大地推动国内各地区家政服务数字化的发展，并且在未来逐步缩小城乡之间的差距。这样的大环境不仅可以惠及更多来自农村等偏远地区的家政工，而且能够突破地区间的技术不平衡，将家政机器人引向更广阔的市场。

可以预见，人工智能在养老行业的发展将促进家政行业的升级和进步。例如，人工智能通过互联网将生物特征识别、机器学习、视觉和语音识别、大数据和算法等技术相结合，通过各种智能终端获取并分析老年人的身体健康信息以及必要的生活和活动数据，通过云计算作出分析，从而

432　中华人民共和国中央人民政府：《2020 年政府工作报告》，第 18、19 页，http://www.gov.cn/zhuanti/2020qglh/2020zfgzbgdzs/2020zfgzbgdzs.html，访问日期：2021 年 3 月 5 日。

433　张霁：《家政服务产业化发展与数字化转型》，《家庭服务》2020 年第 7 期，第 9 页。

434　中国互联网协会：《中国互联网发展报告 2020》，http://www.199it.com/archives/1128666.html，访问日期：2021 年 3 月 5 日。

产生数据库，以便生成一定的结果。[435] 人工智能养老产品有可穿戴设备、家电、机器人等。这些设备能够实现的功能大致可以分为四类：端茶送饭类生活照顾，健康监测类医疗护理，心理咨询和沟通类精神慰藉，以及紧急报警类救助活动。[436] 这些功能已经涵盖简单层次到高层次的不同需求。家政行业可以受益于这些技术，实现产业升级。

在人类难以实现的方面，人工智能也发挥着重要的作用。例如，人工智能能够实现对被照护人员的 24 小时监护，防止风险的发生。[437] 这些任务有很大一部分属于传统女性在照顾工作中承担的内容，抑或女性集中的行业领域所关注的内容。例如，2015 年报道的国内一款全自动护理机器人可以在医院、敬老院、康复中心、养老院和家庭内部护理工作中使用。它可以处理老人、残障人士和无知觉病人在轮椅和床上的大小便，并且可以将被护理人员的状态发送至电脑终端设置的"护士站"。[438] 这些工作往往是最耗费体力和精力的内容，使用人工智能替代这部分劳动力有利于照顾人员腾出精力做提供机器人难以提供的服务，例如，情感照顾等。

一项由国际商业机器公司（IBM）中国商业价值研究院课题组进行的"人工智能技术对经济和商业影响的总体展望"课题研究发现，人工智能在医疗领域的发展将是热点之一，原因是全球面临着医疗压力和人员缺

435　李金娟：《城市人工智能养老服务模式新探———内涵、现状及策略》，《劳动保障世界》2019 年第 21 期，第 37-56 页。

436　黄昕：《"人工智能＋养老"服务模式探究》，《西安财经大学学报》2020 年第 5 期，第 37 页。

437　黄昕：《"人工智能＋养老"服务模式探究》，《西安财经大学学报》2020 年第 5 期，第 38 页。

438　方平、王晓璐：《欧凯罗博特第三代全自动护理机器人问世》，http://cnews.chinadaily.com.cn/2015-01/27/content_19418673.htm，访问日期：2021 年 3 月 5 日。

口，人工智能可以帮助医疗领域提供新的方法。[439] 例如，位于泰国曼谷的一家医院使用了一款人工智能技术帮助医生对庞大的癌症数据进行管理，包括建立病例档案、收集医疗证据、发布研究结果、分析临床专业知识、总结调研结果并提供合适的诊疗方案。[440] 可见，这些能够被机器人完成的任务对人力的依赖也将降低，未来的人工智能在养老照顾方面将发挥很大的作用。

总体而言，国内助老机器人、助残机器人、康复机器人和护理机器人发展较快，并且已成为产业发展的重点领域，下一步将加强人工智能、云计算和服务型机器人之间的互联。[441] 不过，现有技术还存在很多不足之处。业界专家指出，服务机器人目前面临技术挑战、价格挑战和情感挑战。[442] 这就意味着机器人在技术上还应该继续突破与完善以更好地服务人类，在价格上还需向下调整以惠及更多消费者，在情感上还需完善以促进人们的接受度。由于这三个方面的限制，机器人服务普通人家在短期内还难以实现，特别是农村地区的需求仍然较难满足。

五、人工智能促进家政行业的变革

面对护理类机器人的巨大发展潜力和市场需求，家政行业也纷纷通过

439　中国发展研究基金会、红杉资本：《投资人力资本，拥抱人工智能——中国未来就业的挑战与应对》，https://cdrf.org.cn/jjh/pdf/822.pdf，访问日期：2021 年 3 月 5 日。

440　中国发展研究基金会、红杉资本：《投资人力资本，拥抱人工智能——中国未来就业的挑战与应对》，https://cdrf.org.cn/jjh/pdf/822.pdf，访问日期：2021 年 3 月 5 日。

441　孙柏林：《服务机器人活跃于智慧城市》，《智能建筑》2017 年第 2 期，第 48 页。

442　孙柏林：《服务机器人活跃于智慧城市》，《智能建筑》2017 年第 2 期，第 48 页。

人工智能增强企业的竞争力，为人工智能时代的到来做准备。人工智能也将推动整个家政产业的升级。2018 年 6 月，中国某区块链家政平台负责人称其计划将家政服务和人工智能结合为客户带来全新的科技服务体验。[443]2017 年，这家公司研发了智能管家机器人，它可以利用语音语义识别功能完成众多功能，例如，在线选项操作、教育娱乐、健康监测、智能家居服务、亲子陪护、选购家庭用品、语音互动等。机器人能够在大数据的基础上为客户提供需求与服务的精准匹配。其他的家政公司也纷纷利用人工智能扩展并提升自己的家政服务效率与质量。

　　未来的人工智能与家政行业的结合将会是家政行业实现转型与发展的大机遇。例如，通过大数据分析，互联网能够对雇主和家政人员进行高效配对，同时通过对雇主、中介公司、家政服务人员的评价体系进行风险管理，促进各方合法权益的保障。[444]人工智能在改变旧有的家政公司运作方式方面前景广阔。这将有利于提升家政服务的质量和效率。此外，目前家政行业所面临的一些问题也可以趁着人工智能深入家政领域之际进行改革和创新。

六、小结

　　随着中国人口老龄化的加深以及"三胎"政策的开放，家庭照顾劳动

443　罗艳华：《人工智能＋区块链 管家帮把家政服务做到了极致》，https://cj.sina.com.cn/articles/view/1646697340/62269b7c001008v8r，访问日期：2021 年 3 月 5 日。

444　济兼：《"互联网＋家政"亟待补齐行业短板》，http://www.xinhuanet.com/comments/ 2020-06/12/c_1126104580.htm，访问日期：2021 年 3 月 5 日。

的需求越来越大。在这方面最直接地体现为人们对照顾儿童和照顾老年人的需求的增加。无论是有酬的家政服务市场还是为家庭内部成员提供的无酬家庭照顾劳动都面临着需求大于供给的情况。一方面，家政市场新崛起，从业人员供不应求；另一方面，中国家庭的"原子化"也增加了养老照顾的难度。人工智能的出现无论在有酬市场还是无酬市场都开启了新的希望。无论是国内还是国外，家政类机器人已经在诸多方面为人类提供了便利服务。这其中包含了打扫和家庭监控等功能，也出现了为老人和小孩端茶拿药，甚至是健康监测或陪伴等高级功能。在国内市场，机器人的发展前景也非常广阔，不仅有市场需求，还有政策支持。

我国互联网技术的发展以及地域覆盖也为人工智能在全国范围内惠及更多家庭创造了良好的条件。在优势方面，人工智能可以突破人类能力极限，在危险或者人类不能触及的领域进行工作。特别是在养老领域，很多地区的相关行业已经开始使用机器人辅助人工进行一些工作。这些照顾机器人不仅可以24小时监护被照顾者，还可以定时提醒或辅助被照顾者的生活起居。不过，目前的技术仍然有不足之处，机器与人类相比也有很多不能完成的工作。因此，人工智能进入家庭领域还需要很多完善和准备。

人工智能对家政行业的促进作用十分明显。不少家政公司通过人工智能提高工作效率，提升客户服务能力和员工管理能力。可以说，人工智能在促进家政行业变革、提升家政行业服务质量等方面都有着巨大的潜力和前景。这种变革式的发展已经在家政行业产生了积极的效果并且已经惠及家政企业、家政从业人员和客户。不过，人工智能与家政的结合才刚刚兴起，还有更大的空间予以探索。

第二节 人工智能替代家庭照顾劳动的性别影响

在家庭领域，无论是家务劳动还是家庭成员的照顾劳动，男性和女性所承担的比例有很大差别。一般情况下，家务劳动的主要承担者是女性，这是全球现象。家务劳动耗费了时间和精力影响着女性在有酬劳动力市场的职业发展。因此，人工智能在家务劳动和家庭成员照顾方面的应用对女性而言有着更加显著的作用。本节将重点讨论我国家庭照顾劳动的性别分工现状、供求状况以及人工智能在其中的作用。

一、我国家庭照顾劳动的性别分工现状

家庭照顾劳动在人们的家庭生活中占据了很大一部分时间。虽然每个人都多少会参与一些家庭照顾劳动，但是从全球的情况来看，一个共同现象是家庭内部成员的参与度有明显的性别差异，甚至有严重的两极分化的情况。国家统计局发布的《中国社会中的女人和男人：事实和数据（2019）》表明，女性用于无酬家庭照顾劳动的时间高出男性的2倍多，虽然这一差距与十年前相比有所下降。据统计，2018年女性平均家务劳动时间为2小时6分钟，男性为45分钟，女性比男性多1小时21分钟，这一差距比2008年缩小了29分钟。此外，还有明显的城乡差异，例如，2018年农村地区女性用于无酬家庭照顾劳动的平均时间是男性的2.8倍，城镇

地区是 2.3 倍。[445]

女性承担了家庭内部大部分的无酬家庭照顾劳动，但是其价值却往往得不到承认。过多的无酬照顾劳动对女性职场发展的负面影响也得不到重视，例如，降低女性地位、增加性别不平等现象。而全职妈妈或家庭主妇的经济贡献也很难得到法律和政策的充分认可。此外，照顾工作具有繁杂、单调等特征，长期工作可能使护理人员产生精神上的压力，也可能给被照顾人员带来一定压力与不良影响。现实中，女性为了承担家庭劳动让渡自己的个人时间甚至是职业发展追求的例子数不胜数。而这一现象并不局限于中国，可以说是全球妇女面临的共同困境。世界各地的大部分有酬照顾工作也是由女性完成的，她们往往是移民或非正规经济中的工作者，面临着较差的工作条件和较低的薪水。

二、我国无酬家庭照顾劳动的供求状况

总体而言，中国女性比男性承担了更多的家庭照顾工作，包括照顾儿童、老人、患病的家庭成员等，而大部分的照顾工作都由家庭成员直接承担或者由家庭通过雇佣家政人员等各种方式承担。

以养老为例，与将老人送到城市中的养老院或农村敬老院相比，中国

445　国家统计局社会科技和文化产业统计司:《中国社会中的女人和男人：事实和数据（2019）》，https://bbs.pku.edu.cn/attach/63/6e/636e4ad11325ae70/%E5%9B%BD%E5%AE%B6%E7%BB%9F%E8%AE%A1%E5%B1%80-%E4%B8%AD%E5%9B%BD%E7%A4%BE%E4%BC%9A%E4%B8%AD%E7%9A%84%E7%94%B7%E4%BA%BA%E4%B8%8E%E5%A5%B3%E4%BA%BA%20%E4%BA%8B%E5%AE%9E%E4%B8%8E%E6%95%B0%E6%8D%AEWomen%20and%20M，访问日期：2021 年 3 月 6 日。

人更加推崇在家庭内照顾老人，因为中国"百善孝为先"的文化让人们自然地认为将老人送到家庭外的照顾形式为子女不够孝顺。当然，这种思想也在经历着转变，尤其是在大中城市，但是总体观念并没有发生扭转式的改变。相对于旧式的大家族内共同生活、互相扶持，现在的家庭形式也在发生变化。在近三十年，核心家庭成为最主要的家庭类型，中国家庭集中居住的方式已经开始被散居取代，特别是在农村地区，留守老年人与空巢老年人、纯老家庭逐渐增加，这将减少代与代之间的赡养义务、减少陪伴老年人的时间投入与情感投入等。[446] 这样的情况意味着不少老年人难以获得家庭成员的照顾服务，由于子女不在身边或者有经济压力，获得有质量的有酬照顾的难度也在增大。

我国养老保险、医疗保险提供老年人生活、医疗的基本保障，这部分支持并不包括护理费用。而能够提供养老、助老服务的社区投入明显不足。因此，与养老相关的照顾工作的经济成本都由老年人自己或者其子女承担。如果这些费用由个人负担，那么个体的支付能力将很大程度决定家庭护理的预算和人力投入量。2012 年修改颁布的《中华人民共和国老年人权益保障法》首次设立了失能失智老人监护制度、失能老人护理补贴制度等相关政策。但就老年人失能风险而言，这部分兜底性质的救济并不足以保障老年人长期护理之需。[447] 因此，在实践中，各类养老服务的压力都会在老年人伴侣及其子女身上体现。在经济压力下，照顾老人的工作往往是由家庭中的女性承担。

446　金一虹、史丽娜主编《中国家庭变迁和国际视野下的家庭公共政策研究》，南京师范大学出版社，2014，第 197 页。

447　金一虹、史丽娜主编《中国家庭变迁和国际视野下的家庭公共政策研究》，南京师范大学出版社，2014，第 197 页。

家庭在护理职能上的支柱性地位与家庭性别分工和男性优势资源分配原则下，女性成员在家庭护理中的职责地位很可能被自动加强。在这个层面上，照顾工作的家庭化，即意味着照顾劳动的女性化。因此，家庭照顾工作内容和形式上的变化对女性群体的影响将更为显著。

三、人工智能促进实现妇女工作权的作用

人工智能在家庭中的应用开始成为促进家庭照顾劳动中的性别平等的解决方案之一。20 世纪 80 年代，英美等国研发了帮助残障人士和老年人日常生活的饮食机器人，大大减轻了护理人员的工作。[448] 老年人护理机器人能够在日常生活中帮助老年人，例如，从床上移动至轮椅、洗澡、捡物品、换传单、打扫卫生、加热食物并送餐、帮老年人行走、整理衣物等。[449]

人工智能给家庭生活方面带来了深刻的变革。在网络和人工智能技术的进步下，人们越来越多地探讨它们可能带来的更加便捷的家庭生活和服务体验，业界称之为"智慧家庭"。[450]"智慧家庭"可以通过人工智能实现家庭温度调节或电器的调控等简单的便利工作，也可以发展为更高级的照顾劳动。这些看似简单的家务工作以及需要大量时间和精力投入的对儿童和老年人的照顾正是家务劳动中最耗费时间的内容。"智慧家庭"的出现在理论上具备代替家庭成员进行部分劳动的功能。

---

[448] 张祥、喻洪流、雷毅等:《国内外饮食护理机器人的发展状况研究》,《中国康复医学杂志》2015 年第 6 期，第 628 页。

[449] 李小燕:《老人护理机器人伦理风险探析》,《东北大学学报》2015 年第 6 期，第 562 页。

[450] 周坤、李小松:《人工智能和物联网在智慧家庭中的应用研究》,《电脑编程技巧与维护》2020 年第 10 期，第 123 页。

对于照顾老年人而言，人工智能可以通过智能对话功能与老年人进行交流，也可以通过对房间内温度变化的监控提醒老年人注意加衣保暖；在照顾儿童方面，智能系统可以与孩子共同学习和玩耍。[451]2005年，上海某科技公司研发的机器人可以帮助老年人独立上厕所、进入浴室沐浴以及上下床，并且将信息报至客服端、老人端和儿女端以及第三方服务端，以便提高服务效率和支付能力。[452]这样的机器人能够分担子女的重任，也可以弥补子女在照顾老人方面疏漏的地方。

机器人在护理方面的主要作用为物品传送、患者转移、康复和饮食护理以及老年人照护等。[453]日本研发的一种名为"哈儿"的可穿戴设备机器人，可以帮助失能老年人提高肌肉、大脑和神经系统的健康程度。[454]老年人只需要穿上"哈儿"就可以慢慢改善或恢复健康。智能机器人有利于护理人员提高工作效率。同时，可以降低护理人员患职业病的可能，例如，50%的护士指出自己更加愿意利用机器人协助转移病人以降低自己的体力消耗。[455]

总之，护理机器人可以为需要护理服务的人提供身体或生活上的支持，也可以为护理人员提供帮助。[456]有些机器人可以利用互联网技术，例如，

---

451 周坤、李小松：《人工智能和物联网在智慧家庭中的应用研究》，《电脑编程技巧与维护》2020年第10期，第124页。

452 周路蕙：《智能护理 科技改变生活》，《新经济导刊》2017年第7期，第53页。

453 何瑛、李伦：《机器人在护理领域中的应用进展》，《中华护理杂志》2018年第9期，第1140页。

454 王重光：《机器人步入智能养老》，《智慧中国》2017年第Z1期，第87页。

455 何瑛、李伦：《机器人在护理领域中的应用进展》，《中华护理杂志》2018年第9期，第1140页。

456 张祥、喻洪流、雷毅等：《国内外饮食护理机器人的发展状况研究》，《中国康复医学杂志》2015年第6期，第627页。

语音识别、人工智能算法进行与人类的简单交流。[457] 这些机器人的运用无疑会降低被护理人员对人工的依赖。当人们还在担心机器人过于生硬的时候，高科技也开始给他们赋予人类的温度。2019 年，世界互联网大会上发布的一款 5G 机器人可以和人进行握手并行贴面礼，动作的精准度不断提高。[458]

综上所述，照顾劳动往往对身心消耗巨大，不仅工作本身费时、费力、单调，而且被照顾者对照顾者依赖度较高，使得照顾者自由度降低，与社会疏离，自身价值感难以体现。[459] 人工智能的出现使得原本必须经过人力从事的劳动由机器就可以完成，家庭照顾劳动变得更加简便，这将有利于将女性从繁杂的无酬家庭照顾劳动中解放出来，将这部分时间和精力投入有酬工作，追求职业发展，实现自我价值。[460]

四、小结

人工智能替代家庭照顾劳动对女性发展具有革命性的意义。无论是有酬领域还是无酬领域，涉及家庭照顾工作的从业者大部分都是女性。我国在养老方面有着巨大的需求，在照护幼儿方面的需求随着"三胎"政策的实施也会越来越大。目前，我国大多数人仍然选择居家养老，而相关的经济和人力成本大多由本人或家庭成员支出。由于家庭结构日益原子化和家庭经济压力的增大，由成年子女全天照顾老人的难度变大。尤其在农村地

---

457 况杰:《服务业机器人的发展》,《科技与金融》2020 年第 Z1 期,第 46 页。

458 况杰:《服务业机器人的发展》,《科技与金融》2020 年第 Z1 期,第 46 页。

459 方雨晴:《人工智能时代下的性别平等》,《中国投资》2019 年第 Z1 期,第 35 页。

460 方雨晴:《人工智能时代下的性别平等》,《中国投资》2019 年第 Z1 期,第 35 页。

区，这种现象更为突出。

人工智能在家庭照顾劳动方面的应用为解决这一问题带来了新的契机。无论是帮助人们清洁和管理家庭的"智慧家庭"功能，还是照顾机器人和护理机器人都有着巨大的市场前景。在技术层面，这些人工智能已经能够将人们从繁杂的家庭清洁和照顾劳动中解放出一部分时间和精力。在各类家务活动的场景中，人工智能都可能部分或完全替代人类劳动。这将在一定程度上节约家务劳动需要的人力资源。因此，人工智能走进家庭将具有巨大的发展空间，也将在一定程度上减轻或者改变女性的家庭照顾劳动。这些变化将有利于性别平等和妇女工作权的实现。

第三节　人工智能对有酬家庭照顾劳动的性别影响

有酬家庭照顾劳动是一个宽泛的概念，既包括家政劳动，又包括养老服务、医疗护理等照护劳动。人工智能的应用将对有酬家庭照顾劳动市场产生深远影响。由于女性是这个行业的主要从业者，人工智能对家庭照顾劳动的替代可能会对有酬家庭照顾劳动市场产生性别方面的影响。本节将主要介绍有酬家庭照顾劳动市场的发展现状、有酬家庭照顾劳动市场对人工智能的需求与发展趋势、有酬家庭照顾劳动者的工作状况以及人工智能在有酬家庭照顾行业的运用现状和前景。

一、有酬家庭照顾劳动市场的发展现状

国际劳工组织报告指出，大部分的照护工作者为女性而且通常是移民工人或在非正规经济中拿着微薄报酬的人群。由于根深蒂固的父权制社会性别分工，可以预见，未来有酬家庭照顾工作的主力仍然会是女性。而照顾工作的性质决定了机器人或其他高科技产品替代照顾工作的潜力将会受到一定的局限。[461]

在我国，有酬家庭照顾劳动市场通常指的是家政服务行业。家政服务的内容主要包括三大类别：第一是基本的家庭劳动，即清洁、烹饪等日常活动；第二是技能服务类劳动，即护理、营养、育儿、家教、陪聊等；第三是家庭事务管理活动，即家庭管理、社交和娱乐安排、家庭理财等服务。[462] 这些类型大多符合人们眼中的"女性事务"的特点，也被视为女性应该付出更多时间和精力进行的活动。

在我国，家政护理行业具有巨大的发展潜力，全面"三胎"的开放以及人口老龄化都为家政服务行业的发展与完善带来了更多机遇。2019 年，中国家政服务企业和网点数量近 50 万家，从业人员已经有 1500 多万人，年营业额大约 1600 亿元，并且以 20% 的平均速度增长。[463] 保洁、保姆和

---

461 ILO, "Care Work and Care Jobs−For the Future of Decent Work", 2018, p.27, accessed March 5, 2021, https://www.ilo.org/wcmsp5/groups/public/-dgreports/-dcomm/-publ/documents/publication/wcms_633135.pdf.

462 周晓波：《促进家政服务行业发展 提高城市生活品质水平》，《杭州》2020 年第 18 期，第 56 页。

463 《2019 年中国家政服务业发展特点、行业发展现状及行业发展趋势分析预测》，https://www.chyxx.com/industry/201909/787900.html，访问日期：2021 年 3 月 5 日。

月嫂这三类是市场需求最大的家政女工类别。[464] 面对巨大的市场需求，家政行业的发展越来越受到国家政策的支持。

近几年，互联网平台经济的发展，也为家政行业带来了创新发展模式。例如，家政平台客户端让消费者通过手机就可以在全国范围内选择合适的家政工，并且可以通过评价体系了解其服务情况。例如，山东省妇女联合会打造了"山东大姐家庭服务云平台"，为家政服务机构和广大用户提供信息咨询、供需对接等全方位互动式服务。市场需求和政策导向都为人工智能促进家政行业的发展奠定了基础。

二、有酬家庭照顾劳动市场对人工智能的需求与发展趋势

我国服务型机器人研发起步较晚，但是发展迅速。为了推动这一领域的发展我国出台了一系列的政策。其中，《国家中长期科学和技术发展规划纲要（2006—2020 年）》明确指出，服务型机器人是我国的应用需求重点。[465]2017 年，国务院发布的《新一代人工智能发展规划》指明，人工智能健康和养老等方面是重要的发展领域，例如，研发健康管理可穿戴设备和家庭智能健康检测监测设备。[466] 这说明国家政策已经在引导通过人工智能来发展有酬家庭照顾市场。

464　《2019 年中国家政服务业发展特点、行业发展现状及行业发展趋势分析预测》，https://www.chyxx.com/industry/201909/787900.html，访问日期：2021 年 3 月 5 日。

465　中华人民共和国国务院：《国家中长期科学和技术发展规划纲要（2006—2020 年）》，http://www.gov.cn/gongbao/content/2006/content_240244.htm，访问日期：2021 年 3 月 8 日。

466　中华人民共和国国务院：《国务院关于印发新一代人工智能发展规划的通知》，http://www.gov.cn/zhengce/content/2017-07/20/content_5211996.htm，访问日期：2021 年 3 月 8 日。

以养老为例，虽然社区养老服务水平有了很大的提高，但是我国的社区养老服务综合能力还不是很强，依然有很多不够专业和完善的地方。人工智能在弥补现有养老体系方面有很多可以挖掘的机遇。例如，在医疗方面，人工智能应用可能包含的实用功能有机器人协助手术、症状监测、药物管理、健康状态监测、虚拟照顾、治疗方案规划、精准用药、医疗系统分析等。[467] 这其中，虚拟照顾就可以通过网络进行非必要面对面的看护活动，从而提高效率，节省时间。[468]

目前，我国家政行业正面临从小型、散化、专业性低的中介形式向员工制发展，也随着人工智能在行业内的运用，经历着变革与创新的挑战。[469] 这一变革主要体现为以构建大数据、互联网和传统家政为基础的家政服务综合信息网络平台，公开家政从业人员持证上岗、诚信度和服务评价等信息，并优化线上预订等便捷服务，健全下游产业体系。[470] 这些调整都将有机会促进家政从业人员的专业度和服务质量，为需要护理服务的人提供更加优质的服务。在应对变革的路径中，技术革新是重要方面，主要为互联网、人工智能和家政潜力发掘之间提供衔接。人工智能未来发展的方向将围绕家庭保洁、幼儿或老年人照护、康复护理等产品开发以及通过大数据

---

[467] Insight Brief, "AI in Healthcare-Benefits, Challenges and Risks", 2018, accessed March 8, 2021, https://www.insightbrief.net/wp-content/uploads/AI-in-Healthcare-Benefits-Challenges-Risks-InsightBrief.pdf.

[468] Insight Brief, "AI in Healthcare-Benefits, Challenges and Risks", 2018, accessed March 8, 2021, https://www.insightbrief.net/wp-content/uploads/AI-in-Healthcare-Benefits-Challenges-Risks-InsightBrief.pdf.

[469] 徐宁：《家政企业如何破解创新难题》，《家庭服务》2017年第10期，第31页。

[470] 王瓯翔：《在提质扩容的背景下温州市家政服务业发展面临的机遇与挑战》，《中国就业》2019年第8期，第48页。

为雇主提供更精准的服务与需求匹配方向发展。[471]

在家政管理方面，目前已经出现互联网家政管理系统，其功能涵盖了家政服务员管理、客户管理、代买保险、考试认证等功能，提高企业工作效率和管理能力。[472] 这类智能系统能够帮助家政企业解决很多问题，例如，提高客户跟踪质量，提高接单效率，增强合同查找和管理能力，增强管理与培训家政服务人员的水平，增强雇主与家政服务人员的匹配效率和精准度，提高企业信誉等。[473] 例如，在智能系统的帮助下，只需两分钟，公司就能为客户匹配其所需的家政服务员，并且将服务过的客户进行记录，方便后续服务回访与匹配。[474] 此外，家政公司还可以与其他平台（如大众点评、美团、京东、淘宝等）进行链接，并通过今日头条、UC 浏览器进行推广。[475] 实践中，已经有很多家政公司利用互联网和信息化以及智能技术实现资源优化重组以提升竞争力。

值得注意的是，人工智能的应用可能会带来一定的风险。这其中包括：编码后的信息易于在机构内分享与传播，存在信息安全和隐私风险；黑客或者其他未经授权的信息获取者对个人和医疗信息存在威胁。[476] 为解决相关问题，专业护理人员、机器人以及老年人之间的关系应该有积极的重整

---

[471] 王瓯翔：《在提质扩容的背景下温州市家政服务业发展面临的机遇与挑战》，《中国就业》2019 年第 8 期，第 48 页。

[472] 张霁：《家政服务产业数字化转型案例》，《家庭服务》2020 年第 7 期，第 22 页。

[473] 张霁：《家政服务产业数字化转型案例》，《家庭服务》2020 年第 7 期，第 23 页。

[474] 杨生文、于海洋：《e 家政：e 家政的核心竞争力在 e，还是家政》，《家庭服务》2018 年第 6 期，第 25 页。

[475] 杨生文、于海洋：《e 家政：e 家政的核心竞争力在 e，还是家政》，《家庭服务》2018 年第 6 期，第 25 页。

[476] Deloitte, "The Future of Artificial Intelligence in Health Care", 2019, p.15, accessed March 8, 2021, https://s3-prod.modernhealthcare.com/2019-12/us-lshc-artificial-intelligence.pdf.

和改变，在最大化利用机器人减少人工时间与成本的同时，保障对护理人员的人文关怀和感情支持。

在这方面，我国可以向其他国家相关行业比较完善的制度进行借鉴。例如，美国护士协会发布的《护士道德守则》第 4 条指明，护士对护理工作和对病人的照顾承担责任。在科技与护士的关系上，该守则明确指出，科技扮演助理的角色，而不能取代护士的核心技能或代之进行决策。[477] 未来，人工智能的应用会改变护理人员的传统角色。护士需要具备操作人工智能的技能，或者参与建立或测试人工智能系统的操作性，同时需要具备数据分析及辨别可能存在偏见的数据等能力。[478] 同时，人工智能也不能脱离护理人员而存在，其可能产生的积极与消极后果都应该由专门的人员进行承担。

三、有酬家庭照顾劳动者的工作状况

家政行业在中国呈现朝阳产业的发展势头，目前主要有以下特点：从业者主要为女性，且绝大多数来自农村；大部分家政女工在上岗之前没有经过专业、系统的培训；家政女工流动性大，服务质量参差不齐。[479] 家政

---

[477] Robert Nancy, "How Artificial Intelligence is Changing Nursing", Nursing Management, accessed March 8, 2021, https://journals.lww.com/nursingmanagement/fulltext/2019/09000/how_artificial_intelligence_is_changing_nursing.8.aspx.

[478] Analytical Insight, "Artificial Intelligence: Nurses Integral Role in Deployment", accessed March 8, 2021, https://www.analyticsinsight.net/artificial-intelligence-nurses-integral-role-in-deployment/.

[479] 何晓波、石成、程怡璇：《中国大城市家政女工从业现状：基于网络大数据的分析》，《产业经济评论》2019 年第 4 期，第 56 页。

从业人员的性别分布与雇主的需求相吻合。《2017 年中国家政服务行业消费者调研情况分析》指出，在雇主对家政工性别要求方面，94% 的雇主希望雇用女性家政工，男性家政工的需求量为 5%，剩下的 1% 对性别没有要求；在工作内容方面，有 53% 的工作为照顾老人且一般都是全职，周末打扫卫生占比 26%，照顾小孩等服务占比 21%；在工作专业性上，79% 的雇主期待家政工上岗之前接受过专业的培训或取得证书，但是能够满足这一需求的家政工不到 70%。[480] 我国家政行业需求量较大的工作内容为育儿和养老，其中养老需求量越来越大，但是因为照顾老年人的工资较低，工作较辛苦，所以从业者相对少。由此可见，家政服务对女性从业人员的需求很大，对专业性要求较高，但供给与需求明显不匹配。

目前，家政行业主要面临的问题集中在供给缺口大、就业人员专业化与稳定性还需加强等方面。例如，杭州市有 80% 的家庭正在使用家政服务或计划获取家政服务，但是供给方面严重缺乏稳定的从业者。[481] 导致这种局面的原因较多：一方面，家政行业发展不够成熟，在薪水和劳动保障等方面机制不健全，不足以吸引稳定的从业人员；另一方面，人们对家政工作的价值认可度不高，导致很多人不愿意长期从事这一职业。[482] 家政行业的发展显然需要更专业、更稳定的从业群体，也需要有更多的男性参与到这个行业中来，改变"家庭照顾工作就是女性工作"的刻板印象。

480　《2017 年中国家政服务行业消费者调研情况分析》，https://www.chyxx.com/industry/201711/580572.html，访问日期：2021 年 3 月 8 日。

481　何晓波、石成、程怡璇：《中国大城市家政女工从业现状：基于网络大数据的分析》，《产业经济评论》2019 年第 4 期，第 56 页。

482　何晓波、石成、程怡璇：《中国大城市家政女工从业现状：基于网络大数据的分析》，《产业经济评论》2019 年第 4 期，第 56 页。

北京、上海和深圳这样的大城市中，外来农村人口的从业人员较多，武汉等地方城市的从业者中，本省人口较多。大部分女性都是为了在城市寻求更高的薪水或者因为缺乏其他的工作技能等原因选择成为家政劳动者。因此，家政从业者中很少有专业的、经过培训的技术人员。这不仅成为该行业从业人员的整体专业性不强的重要原因，也意味着家政从业者对专业技能培训方面的巨大需求。这对人工智能在该行业的运用指引了发展方向。

家政工作具有不稳定性，存在季节性用工差异。在育儿方面，春节期间为用工荒。每年六七月份家政需求较少，供给也少。因为这段时间既是农村妇女农忙时节，也是儿童假期，所以对家政服务的需求较少，供给量也少。在照顾老人方面，由于家政工往往需要照顾行动不便或是完全失能的老人，因而工作强度和心理压力都很大。因此，从事养老护理的人员有很大的流动性。

就性别方面而言，在家政领域，男性和女性的主要工作内容也存在很大差异。绝大多数日常家庭照顾工作由女性承担。雇主也更加愿意雇用女性上门进行家庭清洁或者照顾家庭成员。少数男性家政从业者主要从事家庭修理类服务、司机、家教、管家或者照顾生活不能自理的男性等工作。

家政从业人员的工作环境和状况也面临着众多困境。有不少家政工指出，在雇主家中工作压力大，很少有个人时间，休闲的时间也比较少，有时候心理压力很大，很多时候难以顾及个人情绪。这种情况在家政服务行业普遍存在。《中国青年报》曾报道这样一则新闻：海南大学旅游管理专业的某女大学生住在雇主家中，做三个孩子的家庭教师并负责孩子们的饮食起居，新型冠状肺炎疫情期间她早上 6 点起床，唤醒孩子们吃早餐然后一起与孩子们上网课，睡前给孩子们讲故事，到晚上 10 点结束一天的工作。[483] 这从侧面反映出家政工除了需要做核心工作，还需要花很大一部分时间做一些额外工作，而且工作和休息时间非常不确定。

工作任务的模糊性往往在无形中增加了家政工的工作内容。由于很多辅助性工作无法与本职工作区分，不少家政工很难拒绝雇主额外的要求，这就在无形中增加了工作任务。有研究发现，从事照顾工作的人有8%～16%的时间进行了非照顾工作事务，而这些事务本应该被分配给其他人。[484] 家政工任务繁重且经常需要从事原本不属于自己工作范围的活动，这加剧了她们的工作压力。

此外，需要居住在雇主家的家政女工通常没有个人时间，从早到晚都时刻准备着为雇主服务，她们的假期比较少，遇到假期也可能自愿放弃。放弃休假的原因较多：一方面有个人的因素，另一方面与整个家政行业从业者对法定假期的实践较少有关。家政女工面临的这些处境亟须得到改善。面对这样高投入的工作状态，人们期待着人工智能可以分担任务，改善家政女工的工作状况。但是，家政女工在雇主家中工作可能还会面临一些人身侵害。这其中包含性别暴力、虐待或性骚扰，极端的情况下也有强奸案件发生。这些情况虽然并不普遍，但是也说明家政女工在工作中需要面临一些潜在的风险。例如，有些雇主本身有家暴史，那么这类雇主可能在出现矛盾时对家政工实施暴力。

目前，家政公司还未建立起有效的风险预防机制，也难以甄别雇主的

483　赵丽梅、石佳:《家政服务行业升级呼唤高素质"新人"》,《家庭服务》2020年第8期,第41页。

484　Robert Nancy, "How Artificial Intelligence is Changing Nursing", 9 September, Nursing Management, accessed March 8, 2021, https://journals.lww.com/nursingmanagement/fulltext/2019/09000/how_artificial_intelligence_is_changing_nursing.8.aspx.

情况。实践中，很大程度上依靠临时与雇主沟通，提醒雇主禁止暴力和骚扰这样的行为或者在严重的情况发生时选择报警。但是，这样的做法并不足以产生有效的预防作用。有的家政工人自己遭遇暴力后选择保持忍受和沉默，也普遍缺乏反抗的勇气。有时候家政公司发现，在有的雇主家，出现家政工人反复辞职的行为，这才引起重视并发现问题，最终将这类雇主列入黑名单停止对其提供服务，或者有些时候问题永远都不被发现。这为人工智能在家政行业的应用指出了新的方向，即利用人工智能将雇主的不诚信、暴力或犯罪历史与家政公司需要考量雇主的背景信息进行匹配与互通，确保家政企业在选派家政女工入住雇主家中之前掌握必要的雇主信息，尤其是那些可能威胁到家政女工的情况，保障家政工的人身安全。

另外，雇主和家政从业者之间的双向选择在信息掌握方面并不对称，一般情况下雇主对家政服务人员的要求更多，而家政公司在获取雇主信息方面相对弱势。家政行业间信息互通方面的需求目前还不能得到有效的满足。于是，家政行业建立统一的信息查询系统，这对客户和家政从业人员的必要信息披露具有重要意义。在这些方面，大数据和人工智能与其他相关数据库和系统的连接将有利于满足市场需求。

四、人工智能在有酬家庭照顾行业的运用现状和前景

在人工智能的应用方面，家政公司利用互联网化平台，采用线上和线下相结合的方式交流与面试用工，智能化网络运用也在增强，例如，家政公司利用平台在线向雇主展示家政人员。目前，机器人可以代替简单的家政工作，但是管家类等高级专业化服务还需要人工进行，而且需求也不断

增加。这说明人工智能技术在家政服务便捷化方面有着积极的作用，目前人工智能主要应用于帮助家政公司以提高企业效率，但是家政工在日常工作中还是主要通过人工进行服务。这也意味着人工智能在家政领域还有很大的发展空间。例如，目前客户和家政工人之间的服务和待遇满意度回访缺乏专业的数据库和评价系统。例如，有些家政工人可能吃不好，住在地下室或者客厅里临时搭建的床上，也可能面临来自人际关系的压力，还可能有其他一些隐性问题未能得到关注与解决。来自大数据的分析与调查可以在一定程度上弥补现有的缺陷。

　　针对家政企业，利用互联网增强企业的公开度、透明度，开发科学的评价系统和奖惩机制，公开企业信用评级都具有十分重要的现实意义。[485]建立全国性的家政行业监督机构，并通过互联网共享行业信息也可以产生有效的警示作用。例如，依据大数据建立家政服务平台，在为客户提供服务和信息的同时收集并研究家政女工面临的问题并提出相应的方案，甚至提供纠纷解决服务。家政工大多来自农村，进入城市工作后在社会融入和权益保护方面还面临很多挑战，很多家政女工不具备劳动法的基本知识，在签订合同时常常处于不利地位，遇到问题也不知如何保护自己的合法权益。目前，家政公司为家政人员提供的各项培训还不够专业。这为大数据和人工智能走进家政行业，促进从业人员专业培训方面提供了机遇。此外，鉴于在个性化和个人偏好方面的捕捉优势，大数据还能够为增加家政人员技能、提高家政人员的职业敏感性提供支持。

---

[485]　赵丽梅、石佳：《家政服务行业升级呼唤高素质"新人"》，《家庭服务》2020年第8期，第41页。

总之，人工智能在有酬家庭照顾市场具有巨大的发展空间和需求量。这一领域的变革将对以女性为主的劳动者产生深远的影响。这也为人工智能促进性别平等带来了机遇。在有性别意识的法律政策引导下，人工智能的行业运用能够切实惠及女性劳动者，同时帮助女性劳动者在这场变革中提高技能以适应与机器携手工作的环境。不过，就目前的状况而言，人工智能还未发展成熟，其在行业中的应用还未得到普及，加上庞大的人员缺口，在短期内女性家庭照顾劳动者在时间和精力方面受益于人工智能的情况还难以实现。

家政行业本身具有十分明显的性别特质，但是在政策制定和机制完善方面总体缺乏足够的性别视角。因此，为了确保针对家政行业出台的政策具有科学性并有利于性别平等，大量的数据分析必不可少。人工智能在这方面首先可以发挥的作用就是通过大数据，收集家政行业供需与发展预测方面足够的性别数据，并且投入资金和专业技术进行分析，对家政行业的情况作出预测与评估，为政策制定和行业发展提供有力的支持。

五、小结

在有酬家庭照顾劳动市场，人工智能在家政行业的运用既有利于提高家政行业的服务效率和质量，也有利于促进家政工人的专业度的提升。目前，人工智能在有酬家庭照顾市场的需求很大。自家政和互联网发展以来，国家的政策也持积极发展的态度。面对我国家政行业出现的分散化、专业性低等问题，人工智能从收集数据、研究数据、发现问题、解决问题等方面都有很大的发挥空间。无论是家政行业的规范化管理、信息互通，还是从业人员服务技能的提升，或是促进家政公司和客户之间的良性互动，人工智能都可能在现有问题的基础上提供解决方案。

鉴于从事有酬家庭照顾劳动的人大多来自低收入群体的女性，她们在获取专业性指导和获取信息的渠道等方面都十分有限。人工智能的运用能够为家政工提供便捷的网上培训或各种信息资讯。此外，家政女工的工作状况受到的关注度较低，很多工作中的问题、风险、困难和压力得不到有效的解决。人工智能或许可以开发一些专门用于帮助家政女工的产品，帮助他们应对工作和生活上的一些困难和风险。

在家政行业，人工智能在提高企业工作效率、采集客户满意度信息、提升家政公司信誉方面都有可发挥的余地。人工智能在行业中的应用已经成为一种趋势。家政行业的主要从业者是女性，整个行业需要更多的性别敏感性，特别是对女性权益的更多关注。通过大数据和人工智能定期收集并分析女性员工的相关数据将有利于家政行业的专业化建设。

第四节　人工智能对无酬家庭照顾劳动的性别影响

在无酬家庭照顾劳动方面，女性承担了大部分的劳动。然而，大量的付出和投入并没有给女性带来更高的社会地位或对其经济贡献的认可。相反，女性因为家庭照顾劳动耗费的时间和精力转化为了制约女性职业发展的重要原因。人工智能走入家庭将最直接地减轻女性的工作量，有助于推动性别平等和妇女工作权。人工智能在家庭内部的大量使用也是未来的发展趋势。本节将主要分析无酬家庭照顾劳动的性别分工现状及其影响，人工智能用于无酬家庭照顾劳动的前景以及面临的挑战和应对策略。

一、无酬家庭照顾劳动的性别分工现状及其影响

在我国，女性就业率较高，夫妻共同面临着工作和家庭的双重压力，但是女性在就业的同时承担了更多的家庭责任。此外，在崇尚男强女弱和男主外女主内的文化氛围下，女性被认为更适合陪伴和照顾家人。在这样的观念影响下，一旦女性打破了这一预期，那么往往会受到负面评价。[486] 因此，大部分人都实践着社会性别分工，即女性承担着照顾家庭的角色，要想彻底改变社会习惯非常困难。

不过，随着社会的发展，不少男性也开始改变观念，参与到家务劳动中。在需要家庭分工合作的社会背景下，越来越多的男性积极承担子女陪伴、照顾，特别是教育方面的责任，"有的甚至比母亲更为投入和成效卓著"。[487] 虽然越来越多的男性有参加家务劳动的意识，但是也未能改变女性承担了更多家务劳动的整体状况。从总量上看，女性家庭照顾劳动所用时间大约是男性的 1 ~ 4 倍；与此同时，男性正逐渐地参与到家务劳动中，特别是在休息日，但男性进行家务劳动的时间仍然比女性少得多。[488]

就性别和职位而言，男性进行家务劳动的时间与其所处的职位高低的

486　杨菊华、孙超：《论劳动力市场的"性别－母职双重税赋"》，《北京行政学院学报》2019年第 1 期，第 94-95 页。

487　ILO, "Care Work and Care Jobs-For the Future of Decent Work", 2018, p.43, accessed March 5, 2021, https://www.ilo.org/wcmsp5/groups/public/-dgreports/-dcomm/-publ/documents/publication/wcms_633135.pdf.

488　金一虹、史丽娜主编《中国家庭变迁和国际视野下的家庭公共政策研究》，南京师范大学出版社，2014，第 110 页。

关系不大。女性从事家务劳动的时间与其职位高低有一定的关联，实践中，女性高层人才虽然在职场上拥有较高的职位，但在家庭内依然自觉实践着传统的性别分工。[489] 社会普遍认为家务劳动由女性承担是理所当然，就连很多高知女性也践行着这一惯例。研究表明，在城市，在妻子挣得比丈夫多的情况下，妻子可能需要通过做一些家务来维持家庭关系的和谐，这种现象被称为"性别表演"。[490]

家务劳动智能化很大程度上意味着女性直接参与家务活动量的减少，这对女性在家庭和事业发展方面都至关重要。因为女性在家务中投入的越多，自我提升的时间就相应减少，而这些投入无论在家庭地位还是事业发展上都往往难以形成正向的回报。她们付出的劳动往往得不到社会的承认，在经济上则要更多地依赖其他家庭成员。这些被很多人看来女性理所当然应当承担的工作为女性职业发展带来了消极影响。

推动家庭照顾劳动的性别平等并不仅是为女性权利发声的问题，无酬家庭照顾劳动具有重要的社会价值和经济价值，它是将照顾工作的提供者，主要是妇女的劳动价值转换成社会与经济发展。[491] 但是，在国民经济生产总值衡量过程中，无酬家庭照顾劳动的经济贡献却不会计入国内生产总值，这就导致了对整体经济发展状况的低估。女性在家庭照顾劳动中的大量付出实际上为国家经济发展作出了重要贡献。

489　金一虹、史丽娜主编《中国家庭变迁和国际视野下的家庭公共政策研究》，南京师范大学出版社，2014，第110页。

490　刘爱玉：《制度、机会结构与性别观念：城镇已婚女性的劳动参与何以可能》，《妇女研究论丛》2018年第6期，第15—30页。

491　ILO, "Care Work and Care Jobs-for the Future of Decent Work", 2018, p.47, accessed March 5, 2021, https://www.ilo.org/wcmsp5/groups/public/-dgreports/-dcomm/-publ/documents/publication/wcms_633135.pdf.

在世界范围内,妇女承担了大约 76.2% 的无酬家庭照顾劳动,没有一个国家的男人和女人完全平等地承担无酬家庭照顾劳动。[492] 女性在家庭内部的多付出少回报和在劳动市场的低投入少回报成了一个相互作用的链条,难以被打破。这个问题在世界范围内都存在。家庭照顾劳动减少了女性在工作上的投入时间和精力,直接影响女性职业发展与晋升机会的获得。雇主也因为女性承担了更多的家庭照顾劳动等原因,自然认为女性在工作的投入上不及男性,因此更加侧重于雇用男性。现有的家务分工模式导致女性处于不利地位,使得女性在家庭和社会上的地位双重下降。因此,联合国可持续发展目标旨在实现性别平等并赋权于妇女和女童,这其中包含了对无酬家庭照顾劳动的价值认可。[493] 国际劳工组织的研究表明,在全球范围内,中等收入国家的女孩和妇女以及农村妇女或者受教育程度较低的妇女所承担的无酬家庭照顾劳动要更多。无工作者比有工作者从事家庭劳动的时间更长,工作时间的增加会减少男女自身的家庭劳动的参与度,且女性的变化幅度大于男性。[494]

无酬家庭照顾劳动也对劳动者经济收入和工作机会带来了很大程度的限制,这对女性的消极作用更加明显。国际劳工组织的研究表明,无酬家庭照顾劳动在以下几个方面制约着女性的职业发展:(1)职场竞争力会有

---

492 ILO, "Care Work and Care Jobs-for the Future of Decent Work", 2018, p.37, accessed March 5, 2021, https://www.ilo.org/wcmsp5/groups/public/-dgreports/-dcomm/-publ/documents/publication/wcms_633135.pdf.

493 ILO, "Care Work and Care Jobs-for the Future of Decent Work", 2018, p.24, accessed March 5, 2021, https://www.ilo.org/wcmsp5/groups/public/-dgreports/-dcomm/-publ/documents/publication/wcms_633135.pdf.

494 ILO, "Care Work and Care Jobs-for the Future of Decent Work", 2018, p.24, accessed March 5, 2021, https://www.ilo.org/wcmsp5/groups/public/-dgreports/-dcomm/-publ/documents/publication/wcms_633135.pdf.

所下降，雇主偏向雇用男性，不倾向招聘女性员工或将女性放在不重要的较低职位层级的岗位上不予升职，给予较低的薪水；（2）制约着女性综合素养的提高，不利于她们的终身发展；（3）生育各个环节（包括怀孕、分娩和育婴）造成女性个人收入减少、职业发展遭受阻碍以及带来部分女性失业的不利后果；（4）家庭的无酬劳动同时影响着女性的职业偏好，例如，女性往往倾向选择市场工资相对较低但能够提供较为弹性的工作时间、工作要求不高、无须投入大量精力、离家近且通勤时间较短的工作，甚至对劳动力市场就业"缺少兴趣"；（5）传统性别分工和家庭责任成为女大学生在求职过程中遭遇性别歧视的重要原因。[495]

国际劳工组织发现导致具有母亲身份的女性工资低的诸多因素包括：劳动市场的中断，工作时间减少，从事工资低却可以兼顾家庭照顾的工作，以及企业依据性别刻板印象在就业过程中对母亲身份的职业机会和资源作出的负面决定。[496] 但是父亲身份却不会对男性的整体工资产生消极影响，甚至有可能产生积极影响。有实证研究表明，在男性群体中，父亲的工资高于非父亲的工资。[497] 雇主会对身兼母亲身份的雇员的工作能力和责任心产生怀疑，并且对她们的工作评估更加严格，导致女性面临更大的职

---

[495]　ILO, "Care Work and Care Jobs-for the Future of Decent Work", 2018, p.24, accessed March 5, 2021, https://www.ilo.org/wcmsp5/groups/public/-dgreports/-dcomm/-publ/documents/publication/wcms_633135.pdf.

[496]　国际劳工组织：《2018/19 全球工资报告——性别薪酬差距背后的原因是什么》，2018 年，第 xvii 页，https://www.ilo.org/wcmsp5/groups/public/---asia/---ro-bangkok/---ilo-beijing/documents/publication/wcms_679534.pdf，访问日期：2021 年 3 月 8 日。

[497]　国际劳工组织：《2018/19 全球工资报告——性别薪酬差距背后的原因是什么》，2018 年，第 74 页，https://www.ilo.org/wcmsp5/groups/public/---asia/---ro-bangkok/---ilo-beijing/documents/publication/wcms_679534.pdf，访问日期：2021 年 3 月 8 日。

业发展障碍。[498] 但是父亲角色却可能使雇主产生有责任心、稳重、能够胜任领导岗位等积极印象。此外，随着幼儿年龄的增加，母亲也面临着"就业惩罚"。国际劳工组织 2018 年的报告发现，在不同年龄幼儿的妇女中：0 ～ 5 岁孩子的母亲就业率最低，为 47.6%，相反，父亲就业率为 87.9%，而非幼儿的父亲就业率为 78.2%，非幼儿的母亲就业则增加至 54.4%。[499] 随着儿童数量的增加，母亲的有酬工作时间也在相应减少，但是男性则很少面临这样的状况。[500]

我国 2010 年进行的"第三期中国妇女社会地位调查"显示，72.7% 的已婚者认为，妻子比丈夫承担了更多的家务且 88.6% 的人赞同男性应该主动承担家务劳动；受访者中，63.2% 的母亲承担了对三岁以下孩子的照顾责任；城镇中 25 ～ 34 岁且有 6 岁以下孩子的母亲比同年龄段没有年幼子女的女性就业率低 10.9 个百分点。[501] 因此，减少女性从事无酬家庭照顾劳动的时间将有助于改善女性在职场上的弱势地位。

国际劳工组织指出，男女公平分担家务劳动和儿童及老人的照顾工作在很大程度上可以让女性拥有更多的职业选择。[502] 这需要全社会的意识转变与行动，例如，鼓励男性加入家务劳动，或者采取其他有利于性别平等

498　杨菊华、孙超：《论劳动力市场的"性别——母职双重税赋"》，《北京行政学院学报》2019 年第 1 期，第 95 页。

499　ILO, "Care Work and Care Jobs-For the Future of Decent Work", 2018, p.88, accessed March 8, 2021, https://www.ilo.org/wcmsp5/groups/public/---dgreports/---dcomm/---publ/documents/publication/wcms_633135.pdf.

500　漆伟、徐进、钟龙锋等：《智能管家一号》，《物联网技术》2017 年第 12 期，第 13 页。

501　全国妇联、国家统计局：《第三期中国妇女社会地位调查主要数据报告》，http://www.china.com.cn/zhibo/zhuanti/ch-xinwen/2011-10/21/content_23687810.htm，访问日期：2021 年 3 月 8 日。

502　国际劳工组织：《2018/19 全球工资报告——性别薪酬差距背后的原因是什么》，2018 年，第 xix 页，https://www.ilo.org/wcmsp5/groups/public/---asia/---ro-bangkok/---ilo-beijing/documents/publication/wcms_679534.pdf，访问日期：2021 年 3 月 8 日。

的措施，例如，提供更好的幼儿照顾和养老服务，支持企业给予有家庭责任的员工灵活的工作时间等。但是，这些措施都很难在短时间内促成实质性的改变。在人工智能代替劳动的背景下，人工智能进入家庭，实质性的减少女性家庭照顾劳动时间倒是值得期待。

二、人工智能用于无酬家庭照顾劳动的前景

一项关于性别与科技的研究指出，虽然家庭内科技进步显著，但女性在家庭领域并没有得到解放，因为人们对卫生的标准也提升了，所以女性并没有获得更多的闲暇。[503] 因此，人工智能进入家庭并不一定会自动减少女性的无酬家庭劳动时间，而是需要有性别意识的指导才能发展出能实现此目标的人工智能。因此，从家务劳动中将女性解放出来需要提高全社会的家庭性别平等意识。

2019 年工业和信息化部提出了积极推进 5G 生态建设，加快家用机器人发展的目标。[504] 工业和信息化部在《〈促进新一代人工智能产业发展三年行动计划（2018—2020 年）〉解读》中表示，发展智能服务机器人将会是我国的重要领域。[505] 这些政策无疑为家用人工智能的发展提供了风向标，但是还需要增加性别视角。

---

[503] Anna Pillinger, "Gender and Feminist Aspects in Robotics", September 2019, p.20, accessed March 8, 2021, http://www.geecco-project.eu/fileadmin/t/geecco/FemRob_Final_plus_Deckblatt.pdf.

[504] 李艳敏：《千兆时代 运营商如何掘金智慧家庭》，《通信世界》2020 年第 22 期，第 23 页。

[505] 《〈促进新一代人工智能产业发展三年行动计划（2018—2020 年）〉解读》，http://www.cac.gov.cn/2017-12/26/c_1122166495.htm，访问日期：2021 年 3 月 8 日。

智能家居在满足传统的家务劳动需求的前提下，也在不断地更新与突破，力求实现更复杂的服务需求。扫地机器人的应用已经实现对人工清洁地面的解放。2018 年，我国扫地机器人销售量为 406 万台，并且每年都在不断增长，近 4 年的复合增速达到了 63.4%。[506] 清洁类服务机器人可以实现的工作有扫地、擦窗、手持清洗等。智能家庭系统在替代人工家务工作方面的功能包括：电子窗户以监控门窗安全，家庭预警以实现家庭防火、防灾，能源监控以自动计量和结算家用电、水、煤气等能源使用情况以及远程监控家庭内部情况等。[507] 这些看似简单的工作叠加起来能够节省很多家务劳动的时间。

在技术层面，家务机器人的功能也越来越趋向于代替人工或与人工互补，例如，室内创造蒸汽、紫外线灭菌、离子清洁、真空吸尘，自动清洁浴室内的细菌和污渍，擦玻璃、搬箱子或捡垃圾。[508] 海尔智能互联平台孵化的人工智能将音箱、扫地机器人、马桶、浴霸、体脂称等产品与智慧浴室、智慧客厅、智慧健康等场景互联后，人只需站在体脂称上，以体重和体脂数据为基础的健康报告将分享至智慧家庭系统，冰箱会自动推荐营养食谱。[509] 经过互联的数据还有更多的便捷功能可以省去人力的投入。不仅是家务劳动，很多照顾家庭成员的工作也可以通过智能设备完成，男性和女性都将从中直接受益。

506　胡锟：《谁将占据家庭智能新入口》，《英才杂志》2019 年第 5 期，第 37 页。

507　吴涛、李德杰：《智能家庭与家居自动化》，《彭城职业大学学报》2001 年第 2 期，第 100 页。

508　李博：《家务机器人》，《家用电器》2014 年第 2 期，第 22-23 页。

509　连晓卫：《从"卖产品"到"卖场景"场景生态引领智慧家庭革命》，《现代家电》2020 年第 11 期，第 21 页。

在一些科技体验馆已经出现这样的智能生活场景：出门前，人只需要站在智慧衣镜前就可以看到穿着不同衣服在身上的效果，满意的衣服可以通过衣镜下订单，出门后遇到雨天门窗自动关闭，回家前空调自动开启到适宜温度，晚餐前智慧家庭可以根据家人体脂推荐食谱、查看食材是否充足，并提前下订单买好菜。[510] 这些工作内容很多都是女性在照顾家庭成员时需要承担的。不过，这些场景目前还局限于体验馆，真正惠及普通家庭还需要一定的时间。

目前，智能家庭产品还有很多需要提高的地方，例如，统一智能家庭产品标准，实现多产品之间的互通，扩展商品模式，增强平台化和服务业务，增强网络安全保障（如加强监管和隐私保护等）。[511] 可以想象，当智能家庭发展成熟，家务劳动的形式可能会转化为对这些智能机器的设置和操作以及机器不能涉及的领域，家庭照顾的形式也将发生重大改变。但是这些智慧家庭产品目前还未普及，它们能在多大程度上惠及女性家务劳动负担的问题还没有大规模专业调研的支持。现阶段看到的乐观预测也只是一种可能性，实际效果还有待进一步观察。

与此同时，市场上已经出现一些具有儿童陪伴或看护功能的机器人，能够在一定程度上减轻儿童照顾者的压力，并且显示出了巨大的市场潜力。市场需求调查显示，在家庭机器人需求方面，移动侦测类机器人监测家庭情况的需求占首位。[512] 这类机器人可以帮助人类看管儿童。它的移动

510　连晓卫：《从"卖产品"到"卖场景"场景生态引领智慧家庭革命》，《现代家电》2020年第11期，第22页。

511　宋凯廷、胡淞元：《5G新形势下运营商智慧家庭发展策略分析》，《数字通信世界》2020年第10期，第46页。

512　漆伟、徐进、钟龙锋等：《智能管家一号》，《物联网技术》2017年第12期，第13页。

监控装置可以监控家中儿童或婴儿的活动情况，并且在婴儿熟睡之后，只要将这个智能装置放在婴儿旁边，照看者就可以通过设备看到孩子睡觉的情况而不需要本人守候在孩子身边。[513] 这样的智能家电的使用不仅可以让看护工作变得更加轻松，而且可以增加看护人的休息与精力恢复时间。

法国和日本共同研究的儿童玩伴仿人型机器人"Pepper"不仅可以跳舞、讲笑话，而且能够通过脸部配置的感应器分析人类情感。[514] 这样高级的服务内容也给儿童照顾领域带来了新希望。2016 年，国内某科技公司开发的机器人，眼睛可以拍照，耳朵可以分辨出噪声与人声，并可以自由地与人交流。[515] 这些可以部分替代人工照顾者的机器人将有助于照顾者减少照护时间，节省精力。但是它们能够在多大程度上吸引儿童目前还没有经过权威数据的验证。儿童会不会只把机器人当作玩具，能不能长期投入与它的相处中，是否会对儿童的情感和心智发展产生负面影响等问题还有待进一步研究。

安徽财经大学统计与应用数学学院发布了一项针对安徽省蚌埠区居民京东网购平台的调查：人们最倾向于购买家政类机器人，其中最多的是儿童智能陪伴机器人。[516] 功能各异的机器人保姆具备了照顾小孩的功能，在家长或成人不能陪伴小孩的情况下，机器人保姆可以照顾小孩的成长和学

---

513 漆伟、徐进、钟龙锋等：《智能管家一号》，《物联网技术》2017 年第 12 期，第 13 页。

514 《机器人将走进日常家庭 专家忧分散家庭凝聚力》，http://world.people.com.cn/n/2014/1224/c157278-26267092.html，访问日期：2021 年 3 月 8 日。

515 儿研所 Club：《乐橙发布育儿机器人"小乐"，探索视频＋物联网在母婴行业的可能性》，https://36kr.com/p/1721087492097，访问日期：2021 年 3 月 8 日。

516 求文星、李超：《线上线下家用智能机器人市场调查》，《湖北科技学院学报》2020 年第 2 期，第 38 页。

习。[517] 研究还表明，这样的陪伴机器人对于患有自闭症的儿童与外界互动具有重要的积极意义。[518] 这项研究的结论显然是积极的，但是涉及儿童成长方面的问题还应更加谨慎的对待，需要多方面的数据和研究支持，尤其要警惕资本的逐利本性可能对人工智能产业的负面影响。

在照护老人方面，人工智能机器人在这方面的应用将有效缓解家庭成员的照护压力。老年人家庭护理机器人的功能可以覆盖家庭陪伴、生活护理、物品搬运、残障护理、智能轮椅、慢性病管理等。[519] 这些功能都能够在很大程度上减轻照顾者的体力消耗。目前，市场上针对老年人护理的机器人可以分为四种：行动辅助类、操作辅助类、信息辅助类和环境辅助类。[520] 行动辅助类机器人旨在帮助老年人恢复腿部功能或者代替腿部功能；操作辅助机器人可以替老年人完成手部操作运动；信息辅助机器人为老年人提供通信或医疗信息服务；环境辅助机器人通过改造周围环境使老年人的生活空间更加舒适。[521] 由此可见，机器人的功能不仅可以部分替代人工，而且已经能够超越人类护理的能力范围。这些机器人不仅可以陪伴老年人聊天，给老年人唱歌、讲故事，还可以为老年人订餐、运送食物和药品，甚至打扫卫生，帮助老年人从椅子上站起来行走。[522] 这些有利的方面将促进护理服务的便捷化。但是，机器人的运用也需要考虑老年人的感受，研究表明，经过机器人照

517　黄立文：《伴侣机器人的道德问题研究》，《湖南科技学院学报》2019年第6期，第18页。

518　黄立文：《伴侣机器人的道德问题研究》，《湖南科技学院学报》2019年第6期，第18页。

519　程子真、张琪、甘燕玲：《机器人在老年人家庭护理中的应用研究进展》，《护理学报》2019年第9期，第42—44页。

520　陈殿生、刘静华、殷兰兰：《服务机器人辅助老年人生活的新模式与必要性》，《机器人技术与应用》2020年第1期，第5页。

521　陈殿生、刘静华、殷兰兰：《服务机器人辅助老年人生活的新模式与必要性》，《机器人技术与应用》2020年第1期，第5页。

522　王重光：《机器人步入智能养老》，《智慧中国》2017年第Z1期，第87页。

顾，老年人的生活质量得到了改善，也增强了娱乐感并降低了不良情绪，有利于促进老年人的社交能力。[523] 但也有专家担忧护理机器人的使用降低了护士与老年人之间的人文关怀，同时机器人也无法估计老年人的感情需求。[524]

人工智能和互联网的发展促进了家庭健康医疗监控系统的应用，为居家照顾家人健康带来了更多便捷与可能性。家庭健康医疗电子监控系统在疾病预防和检测方面有着重要的作用。目前，市场上流通的测量仪器可以实现对慢性病的检测，并且通过电话或者互联网连接到远端的监护服务中心，为医务人员传输病人的健康数据和信息。[525] 家庭护理机器人还可以实现医疗档案记录、医疗信息传输、辅助病人活动、帮助病人克服记忆力减退、检测家人健康状况等功能。微软公司的一款个人及家庭健康管理应用平台可以通过网络、蓝牙、以太网、通用串行总线（USB）、路由器等设备组成医疗传感器，结合血压计和血糖仪等家用设备将健康数据信息传递给医生。[526]

在突破人类能力局限方面，人工智能无疑有重要的优势。本田公司的产品 Asimo，可以帮助行动不便的老年人抓取食物。[527] 新加坡理工学院发

523　何瑛、李伦：《机器人在护理领域中的应用进展》，《中华护理杂志》2018 年第 9 期，第 1141 页。

524　何瑛、李伦：《机器人在护理领域中的应用进展》，《中华护理杂志》2018 年第 9 期，第 1141 页。

525　张桂红、孙善宝、姜凯：《家庭健康医疗监控系统市场发展现状及趋势分析》，《信息技术与信息化》2019 年第 1 期，第 147 页。

526　张桂红、孙善宝、姜凯：《家庭健康医疗监控系统市场发展现状及趋势分析》，《信息技术与信息化》2019 年第 1 期，第 148 页。

527　邹捷、李翠玉、董艳晴等：《色彩情感在老年人家用智能服务机器人中的应用探析》，《大众文艺》2019 年第 3 期，第 84 页。

明的机器人 Eric 可以帮助老年人完成专业的复健活动。[528] 这些机器人的应用将在很大程度上缓解护理工作的巨大体力和精力投入。特别是针对一些失能老年人的照顾工作，护理人员需要投入持久的耐心和时间，在精神和情绪上都需要面对很大的压力。目前市场上已经出现全自动排泄处理系统，它可以帮助护理人员清理瘫痪病人、失能病人和卧床病人的大小便，自动清洗排泄物，通过温水和暖风自动清洗病人排泄部位并且处理异味。[529] 这将直接使女性护理人员受益，也可以鼓励男性参与家庭照顾劳动。

人工智能也能用于残障人士护理。美国麻省理工学院计算机科学和人工智能实验室的科研人员发明了一种可以通过声音控制的智能轮椅。它能够识别使用人的声音指示，通过网络产生行驶路线图，从而实现自动导航。在此基础上，轮椅使用人可以不用自己进行驾驶操作就可以到达自己计划到达的目的地。同时，智能轮椅上配有测距仪和传感器，以确保在行驶过程中不会撞到人或其他物品。[530] 这样的变革不仅减轻了护理人员的负担，也促进了残障人士的独立性，助力他们追求更有尊严的生活。

三、人工智能进入无酬家庭照顾领域的挑战及应对

上文提及的人工智能产品虽然先进，但是它们何时能够走入寻常百姓的家庭还不能确定。虽然家务清洁类机器已经被很多城市家庭接受，但是

528　邹捷、李翠玉、董艳晴等：《色彩情感在老年人家用智能服务机器人中的应用探析》，《大众文艺》2019 年第 3 期，第 84 页。

529　样子：《新晋智能家庭医疗设备》，《家庭服务》2015 年第 11 期，第 52 页。

530　样子：《新晋智能家庭医疗设备》，《家庭服务》2015 年第 11 期，第 52 页。

对于不少农村家庭和城市低收入家庭这些产品的价格依然过于昂贵。照顾型机器人在理论上具备了很多理想功能，但是其实用性和操作难度是否能够被大多数老年人接受还需要进一步研究。有研究发现，陪伴型机器人在实用方面和现实人类的交流体验效果还不理想，在长期陪伴效果方面与消费者的心理期待还有一段距离，因此，陪伴型机器人的发展还不成熟。[531] 此外，陪伴型机器人代替人的伦理风险也是人们关注的重要话题。因为如果老年人减少社交生活，那么他们的认知能力将会下降，也会增加患老年痴呆症的可能性，在这方面，机器人也许是无法取代人类的。[532]

此外，人工智能应用过程中还存在一些安全、隐私等风险。研究表明，护理机器人的使用可能使老人陷入孤立，将老人交给智能机器人也就减少了亲人与老人之间的互动，这将增加老年人的孤独感。[533] 这些因素也是机器人能够在多大程度上被运用的重要考量。此外，智能护理系统需要收集更多被护理对象的信息，并且有可能将这些信息分享给不同的终端，这将在很大程度上增加信息泄露的风险和侵犯隐私的可能。[534] 因此，在护理机器人的研发和使用过程中，应该有相应的伦理和法律规范标准。对此，欧盟建议对机器人生产和使用进行强制保险，以应对机器人带来的伤害，并且设立赔偿基金让投资者、生产者和消费者参与到强制险未能覆盖

531　牛立群：《家庭智能机器人的市场正在打开》，《现代家电》2016 年第 20 期，第 22 页。

532　李小燕：《老人护理机器人伦理风险探析》，《东北大学学报（社会科学版）》2015 年第 6 期，第 563 页。

533　罗定生、吴玺宏：《浅谈智能护理机器人的伦理问题》，《科学与社会》2018 年第 1 期，第 31 页。

534　罗定生、吴玺宏：《浅谈智能护理机器人的伦理问题》，《科学与社会》2018 年第 1 期，第 30 页。

的损害赔偿中。[535] 此外，机器人隐私保护等方面也应该加强规则制定。因此，如何看待照顾机器人的研发和使用还需要有谨慎的态度，在很多方面还需要加强研究，了解其影响，并经过充分的公共讨论后再做决定。

关于人工智能的伦理安全方面，我国已经开始关注并提出了一些指导性意见。2021 年 1 月，全国信息安全标准化技术委员会发布了《网络安全标准实践指南——人工智能伦理安全风险防范指引》（以下简称《指引》）[536]。此《指引》旨在为人工智能伦理安全风险提供措施并为人工智能的研发和运用等相关环节提供指导。《指引》指出了五项人工智能伦理安全风险，具体包括：失控性风险（人工智能的行为和影响失控带来的负面影响）、社会性风险（人工智能使用不合理导致的负面影响）、侵权性风险（人工智能对人类权利的负面影响）、歧视性风险（人工智能对特定人群的歧视所带来的负面影响）以及责任性风险（人工智能责任界定模糊带来的负面影响）。这些规范将为未来相关领域的细分研究提供一定程度的指导。

根据《指引》，人工智能伦理安全风险防范要求尊重和保障人权，其中还专门提到了保护弱势群体的要求。这里的弱势群体是指"生存状况、就业情况、发声途径或争取合法权益保障能力等方面处于弱势的群体"。毫无疑问，人工智能服务的护理对象属于这里描述的"弱势群体"。在人工智能运用过程中对其可能产生的消极影响和风险都应该受到充分的重

535　曹建峰：《10 大建议！看欧盟如何预测 AI 立法新趋势》，《机器人产业》2017 年第 2 期，第 18 页。

536　全国信息安全标准化技术委员会：《网络安全标准实践指南——人工智能伦理安全风险防范指引》，http://nic.swu.edu.cn/u/cms/nic/202101/06145912z1by_网络安全标准实践指南—人工智能伦理安全风险防范指引.pdf，访问日期：2021 年 3 月 8 日。

视。其中，人工智能的研究者、设计者和部署应用者共同承担人工智能伦理安全风险责任。这个《指引》的积极意义在于其增补了人工智能伦理安全风险防范缺乏指导性政策的空白，但是具体实施中还需要更多细化的规定予以解释和指导。

从性别角度看，人工智能在一般家务劳动中取代人类与智能机器人在照顾工作中取代人类对女性的影响是不同的，照顾工作本身在很大程度上受性别影响，照顾机器人的使用对女性有着特别的影响。[537] 同时，需要考虑女性群体的多样化，例如，人工智能如何帮助农村的、低教育水平的、贫困的女性减少无酬家庭照顾劳动。因此，在应对人工智能的可能挑战方面，不同女性群体能否参与到开发和决策过程中来至关重要。

四、小结

降低无酬家庭照顾劳动给女性职业发展带来的负面影响有各种方案可以尝试，例如，为男性和女性提供相同的育儿假和产假，惩罚对女性的就业歧视行为，鼓励雇主提供灵活工作时间，鼓励男女在家庭内部平均分担家务等。然而，这些政策上的变革和倡导未必能够在短期内改变根深蒂固的家庭内部的性别分工。比较起来，"智慧家庭"等人工智能产品和照顾陪伴型机器人更可能在一定程度上帮助女性减少无酬家庭照顾劳动。当然，目前的技术还有一些风险和挑战需要克服。要想人工智能惠及普通家

---

537 Anna Pillinger, "Gender and Feminist Aspects in Robotics", September 2019, p.30, accessed March 8, 2021, http://www.geecco-project.eu/fileadmin/t/geecco/FemRob_Final_plus_Deckblatt.pdf.

庭，在价格、风险、责任等方面还需要进一步研究与规范。

最后需要强调的是，人工智能的主宰者依然是人类。如果人类本身不转变思想，有意识地去支持女性从过度的家庭照顾劳动中解放出来，那么人工智能并不一定能够自动促进家庭照顾劳动中的性别平等。这些需要人类有意识地去推动，例如，在人工智能研发的各个阶段都引入社会学、法学、人类学等社科领域的相关研究成果，从产品的最初概念阶段就把握算法，使代表不同群体的女性都能参与其过程，才能使人工智能产品向有利于性别平等的方向发展。

结语　妇女工作权的未来

　　互联网、大数据和人工智能已经开始剧烈改变人们的工作和生活方式，在传统就业领域、新兴平台经济中以及家庭领域都带来的前所未有的机遇和挑战。在这场变革中每个人都可能成为利益获得方，也可能遭受其带来的威胁。而这场正在进行中的变革对男性和女性的影响是不同的。有人认为在传统经济中处于竞争劣势的女性将在人工智能时代迎来扭转乾坤的机遇。也有人认为女性虽然可能在人工智能时代获得传统经济无法提供的机遇和资源，但是不一定能在这场变革中实现性别平等。无论是哪一种预测，未来的趋势在很大程度上依赖社会性别意识的发展予以引导和推动。

　　在就业方面，大数据、算法、人工智能层层叠加，作为人类智力的延续，它们依然在招聘中践行着原有的性别歧视，将女性求职者置于不利地位。人工智能招聘工具不仅向女性投放低于男性工资水平的招聘广告，还可能使女性由于简历中的女性字样或女性化用词被机器人淘汰。大数据和算法对女性的隐性歧视不仅可能损害女性的就业权，而且可能成为平台或者雇主以"算法中立"进行抗辩的理由。因此，法律需要明确运用人工智能在招聘中的规则和责任制度。

人工智能的运用还可能造成对劳动者隐私权的消极影响。无论是在招聘前的信息收集还是雇佣过程中的职场监视行为，以及员工离职后的个人信息处理方式都可能产生侵犯劳动者隐私的风险。这对于通常处于弱势地位的女性劳动者而言具有更加严重的影响。因为女性的一些诸如家庭生活方面的隐私往往可能成为雇主考虑放弃雇佣或者不予晋升的原因。这些都会侵害妇女的工作权。

要预防算法的歧视，需要从技术、政策、女性在科技领域的参与和决策、企业招聘政策，甚至是整个社会的文化意识等各个方面入手。这需要人工智能在技术上具备性别敏感性，使用它的人具备性别意识。在社会性别意识缺失的情况下，国家需要投入专门的资源。

在就业安全方面，由于人工智能的开发者和使用者通常更关注如何提高效率、创造效益、节约成本，不少劳动者开始担心自己的就业安全问题。乐观者和悲观者分别就人工智能对人类劳动力的替代作用和新技术的创造性方面提出了研究证据。相比男性，女性在与人工智能竞争的过程中可能更容易成为失败者。因为更多的女性从事容易被替代的低技能工作，也更容易因为其家庭负担被裁员。

大数据和算法催生了平台经济。一部分女性利用平台经济的低门槛、高传播速度和无地域限制等特点成了平台经济中的成功者。但是实证研究表明，能够在平台经济中成功的女性只是一小部分，大部分女性依然面临平台经济所延续的传统经济中对女性的偏见。当然，不可否认的是平台经济确实为女性创造了很多新的就业机会和就业方式。

平台经济的灵活性也让很多有家庭责任的女性得以在照顾家庭的同时参与经济活动，获得经济回报。这种新的经济形态让女性有机会成为自己的雇主，更自由地安排工作和生活。但是，平台经济的优点也容易导致一种迷思：平台经济能够帮助女性达到工作和生活的完美平衡。事实上，不少平台工作的零散性、低报酬、不稳定性使得不少身在其中的女性劳动者在工作和家庭之间疲于奔命。平台工作的不稳定性和缺乏规则的保障也常常被忽略。

平台经济对突破传统经济中的职业性别隔离有一定作用。在电商或直播领域，不少传统男性集中的行业都出现了女性的身影。这在一定意义上能够减少职业分工的性别刻板印象，激励更多女性打破行业的性别限制。但是，平台经济也在很大程度上延伸了传统经济中的行业性别隔离。

在大数据时代，女性面临着性别的数字鸿沟。与男性相比，女性掌握科技的程度较低。由于掌握信息和科技方面的整体弱势，女性在科技工作中通常处于劣势，同等条件下获得的回报也低于男性。在人工智能时代，女性对科技信息技术的掌握决定着职业竞争力。因此，法律和政策都应该支持女性在数字科技领域的发展，消除对女性的偏见，在科技和信息方面赋权女性。

照顾工作女性化以及女性在家庭内部承担了过多的无酬家庭照顾劳动严重影响了妇女工作权的实现，人工智能进入照顾行业和家庭有可能改善女性的处境。目前，市场上已经出现功能各异的家政和照顾型机器人，从清洁地板到管理家人健康，甚至照顾和陪伴老人和儿童都可能在一定程度上实现。但是人工智能在家政照顾领域的运用还存在隐私保护、安全和伦理方面的风险，这些还需要进一步研究。

人工智能助力妇女工作权的目标不会随着人工智能的发展自动实现，需要法律和政策的积极引导。国家需要完善关于人工智能开发的法律和政策，以激励企业和市场从性别平等的角度发展人工智能。企业在人工智能研发的各个阶段都应该引入社会学、法学、人类学等社科领域的相关研究成果，从产品的最初概念阶段就纳入性别视角，并且使代表不同群体的女性都能参与其过程，才能使人工智能产品向有利于性别平等的方向发展。

自工业革命以来，工作权和就业一直处于政治经济话语的中心地位。目前，我们正处在某种势不可挡的重大变革的进程之中，即传统的劳动关系或雇佣关系仍然存在，科技带来的"共享经济"等新型工作方式也大量出现，这都对工作权带来了新的挑战。平台经济等大大改变了就业形式，传统劳动法的雇员／非雇员的"二元论"已经不适应变化的就业市场，把大量的劳动者排除在较为严格的保护体系之外，无法享有"公平良好的工作条件"。[538] 此外，人工智能的快速发展也迫使人们开始考虑大量人类工作会被替代的前景。当一个对全人类的挑战来临时，我们需要特别审视它的性别影响。未来的世界对女性来说，是可以改善工作机会，还是会变得更糟糕？答案并非不言而喻，也无法一概而论。从现有的平台经济的就业模式来看，某些平台工作如网络咨询和自媒体等可能为一些女性提供更多选择，但有些需随时待命、超长劳动时间的工作也会将负有更多无酬家庭照顾责任的女性排除在外。人工智能的发展也许可以将女性从部分家庭照顾劳动中解放出来，就像洗衣机和扫地机器人曾经做到的那样，但如果父权

538　谢增毅:《我国劳动关系法律调整模式的转变》,《中国社会科学》2017 年第 2 期，第 123 页。

思想的影响不消除，工作权领域的性别不平等仍将继续，例如，人工智能导致的失业会使女性首当其冲。此外，传统经济在未来也可能鼓励更多的女性在家工作，这部分的改变有利于打破传统办公场所的权力格局，减少职场性骚扰等，可能促进性别平等。而 Zoom 等在线会议的方式也可能打破传统会议中的性别不平等，提高女性的可见度。

妇女工作权的未来需要细致深入的研究。但在可以预见的发展前景中，有些事情是可以开始也必须要做的。首先，要改变对工作的认识，认可家庭劳动以及其他不以经济为主要目的的工作的价值和其作为一种权利的意义。工作权现有的解释对家务劳动的忽视多少体现了父权思想的残留，这也与各国劳动法对女性劳动价值的低估甚至忽略有直接关系。[539] 此外，现有法律还需要对平台经济中出现的新工作形式予以肯定并且进行一定程度的规制以保障劳动者的合法权益。

其次，完善社会保障体系要有前瞻性，使其可以应对大量人口不再从事传统经济意义上的工作的情形。对此，一些前卫经济学家和政治人物推崇的"基本收入"理论也许值得更多的重视和讨论。社会保障体系的完善对于在工作稳定性和保障度较低的平台经济中工作的劳动者而言具有重要的意义。目前的实践中引入了一些商业保险，但是具体规则仍然不清晰，而且行业标准也有所缺失。

最后，为了达到以上两个目标，国家必须充分发挥其实现分配正义的职能，对资本进行有效的监督，保护劳动者的权利。哈啦维（Haraway）

539　Joanne Conaghan, "Labour Law and Feminist Method", *International Journal of Comparative Labour Law and Industrial Relations*, 33, no.1（2017）: 93–114.

曾就科技的无限制发展对人类社会的影响发出严重的警告："现代生产看起来像是赛博格对工作实行殖民化的一场梦,这场梦使得泰勒主义的梦魇看起来如田园牧歌。"[540] 人类如果对此保持警醒并努力防范,未来也许没有哈啦维预警的那么可怕。但资本的新自由主义倾向和人工智能开发中的性别偏见会使工作权的平等话题历久弥新,这一点是毋庸置疑的。

540　多娜·哈啦维:《赛博格宣言:20 世纪晚期的科学、技术和社会主义的女性主义》,载伊丽莎白·韦德、何成洲主编《当代美国女性主义经典理论选读》,南京大学出版社,2014,第 194-232 页。

主要参考文献

一、中文文献

1. 马克斯·韦伯. 新教伦理与资本主义精神［M］. 康乐，简惠美，译. 桂林：广西师范大学出版社，2010：51.

2. 格德门德尔·阿尔弗雷德松，阿斯布佐恩·艾德. 世界人权宣言：努力实现的共同标准［M］. 中国人权研究会，译. 成都：四川人民出版社，1999：502.

3. 汉娜·阿伦特. 人的境况［M］. 王寅丽，译. 上海：上海人民出版社，2009：7，64.

4. 白桂梅. 人权法学［M］. 北京：北京大学出版社，2011：141–154.

5. 张晓玲. 人权法学［M］. 北京：中共中央党校出版社，2014：161–167.

6. 朱力宇，叶传星. 人权法［M］. 北京：中国人民大学出版社，2017：226–229.

7. 叶静漪，魏倩. 《经济、社会和文化权利国际公约》与劳动权的保护［J］. 北京：北京大学学报（哲学社会科学版），2014（2）：87–95.

8. 黄宗智. 重新认识中国劳动人民：劳动法规的历史演变与当前的非正规经济［J］. 开放时代，2013（5）：56–73.

9. 卡尔·洛维特. 从黑格尔到尼采：19世纪思维中的革命性决裂［M］. 李秋零，译. 北京：三联书店，2006：355–390.

10. 皮埃尔·布尔迪厄. 男性统治［M］. 刘晖，译. 北京：中国人民大学出版社，2017.

11. 李银河. 女性主义［M］. 上海：上海文化出版社，2018：79–98.

12. 辛西娅·格兰特·鲍曼. 社会主义女性主义理论［M］// 辛西娅·格兰特·鲍曼，於兴中. 女性主义法学：美国和亚洲跨太平洋对话. 北京：中国民主法制出版社，2018：61–71.

13. 凯瑟琳·麦金农.迈向女性主义的国家理论［M］.曲广娣,译.北京:中国政法大学出版社,2007:93-114.

14. 海柔尔·卡比.白人女性听着! 黑人女性主义及姐妹情结的局限［M］// 伊丽莎白·韦德,何成洲.当代美国女性主义经典理论选读.南京:南京大学出版社,2014:91-116.

15. 多娜·哈啦维.赛博格宣言:20 世纪晚期的科学、技术和社会主义的女性主义［M］// 伊丽莎白·韦德,何成洲.当代美国女性主义经典理论选读.南京:南京大学出版社,2014:194-232.

16. 柏拉图.理想国（第五卷）［M］.郭斌和,张竹明,译.北京:商务印书馆,2017:182-187.

17. Martha Chamallas.以过往为序:新旧女性主义及其法律影响［J］.王新宇,译.妇女研究论丛,2014（1）:78-87.

18. 吉野贤治.掩饰:同性恋的双重生活及其他［M］.朱静姝,译.北京:清华大学出版社,2016:156-183.

19. 谢丽尔·桑德伯格,尼尔·斯科维尔.向前一步［M］.颜筝,曹定,王占华,译.北京:中信出版社,2014.

20. 陶锋.人工智能中的性别歧视［J］.浙江学刊,2019（4）:13,14,19.

21. 田野.劳动法遭遇人工智能:挑战与因应［J］.苏州大学学报（哲学社会科学版）.2018（6）:60.

22. 张夏明,张艳.人工智能应用中数据隐私保护策略研究［J］.人工智能,2020（4）:77,83.

23. 翁玉玲.人工智能时代的劳动法功能调适［J］西安交通大学学报（社会科学版）,2019（1）:146-148.

24. 王从烈.加快推进人工智能劳动法治保障建设的对策研究［J］.南京邮电大学学报（社会科学版）,2018（5）:55,60.

25. 张鹏飞.人工智能与就业研究新进展［J］.经济学家,2018（8）:27.

26. 郝英好,王昊,龚振炜.人工智能对就业安全的影响及应对［J］.中国电子科学研究院学报,2020（10）:937-943.

27. 张成岗 . 人工智能时代：技术发展、风险挑战与秩序重构［J］. 南京社会科学，2018（5）：49.

28. 杨玲，彭聪 . 技术赋能背景下的养老服务供给模式演进［J］. 人口与社会，2020（3）：58.

29. 李小燕 . 老人护理机器人伦理风险探析［J］. 东北大学学报，2015（6）：562，563.

30. 金一虹，史丽娜 . 中国家庭变迁和国际视野下的家庭公共政策研究［M］. 南京：南京师范大学出版社，2014：110，197.

31. 谢增毅 . 我国劳动关系法律调整模式的转变［J］. 中国社会科学，2017（2）：123.

32. 许艳丽，郭达 . 近 20 年国外创业性别差异研究综述［J］. 妇女研究论丛，2015（6）：110-117.

33. 刘爱玉 . 制度、机会结构与性别观念：城镇已婚女性的劳动参与何以可能［J］. 妇女研究论丛，2018（6）：15-30.

34. 杨菊华，孙超 . 论劳动力市场的"性别 – 母职双重税赋"［J］. 北京行政学院学报，2019（1）：95.

35. 胡雅婷 . 单位生育负担是歧视女性首因［N］. 人民日报，2013-12-05（14）.

36. 张凌寒 . 共享经济平台用工中的性别不平等及其法律应对［J］. 苏州大学学报，2021（1）：85，86.

37. 庄家炽，刘爱玉，孙超 . 网络空间性别不平等的再生产：互联网工资溢价效应的性别差异 以第三期妇女地位调查为例［J］. 社会，2016（5）：88-106.

二、英文文献

1. STEINER H J, ALSTON P. International human rights in context: law, politics, morals［M］.2nd ed., Oxford: Oxford University Press, 2000: 242.

2. HARVEY P. Why is the right to work so hard to secure［M］// MINKLER L. The state of economic and social human rights: a global overview. Cambridge: Cambridge

University Press, 2013: 135–172.

3. SEPÚLVEDA M. The nature of the obligations under the international covenant on economic, social and cultural rights[M]. Antwerp–Oxford: Intersentia, 2003: 8.

4. DRZEWICKI K.The right to work and rights in work [M] // EIDE A, KRAUSE C, ROSAS A. Economic, social and cultural rights. Leiden: Martinus Nijhoff Publishers, 2001: 223–243.

5. LEARY V. A Violations approach to the right to work (labor rights)[M] //VAN BOVEN T C, FLINTERMAN C, WESTENDORP I. The maastricht guidelines on violations of economic, social and cultural rights. Utrecht: SIM, 1998: 113–123.

6. ANITA C. Labor standards and human rights: The case of chinese workers under market socialism[J]. Human Rights Quarterly. 1998, 20 (4): 886–904.

7. BELLACE J R. The ILO Declaration of fundmental principles and rights at work[J]. The International Journal of Comparative Labor Law and Industrial Relations,2001(17/3): 269–287.

8. SIEGEL R L.The right to work: core minimum obligations [M] //CHAPMAN, RUSSELL. Core obligations: building a framework for economic, social and cultural rights. Antwerp: Intersentia, 2002: 21–52.

9. SMITH R. Textbook on international human rights[M]. 4th ed. Oxford: Oxford University Press, 2010: 306–316.

10. HAINA LU. The right to work in China: Chinese labor legislation in the lights of the international covenant on economic, social and cultural rights [M]. Antwerp–Oxford: Intersentia, 2011: 42.

11. REHMAN J. International Human Rights Law, a practical approach [M]. Harlow: Pearson Education Ltd., 2003: 113–114.

12. CRAVEN M C R. The international covenant on economic, social, and cultural rights: A perspective on its development [M]. Oxford: Oxford University Press, 1995: 194, 196–197, 203–204, 217–218, 221.

13. COOPER C. Women and the right to work[J]. South African Journal on Human

Rights, 2009, 25 (3): 573–605.

14. LEARY V. A violation approach to the right to work (labor rights)[M] // BOVEN T C VAN, FLINTERMAN C, WESTENDORP I. The Maastricht Guidelines on violations of economic, social and cultural rights. Utrecht: SIM, 1998: 113–123.

15. MAYER J. The concept of the right to work in international standards and the legislation of ILO member states [J]. International Labour Review. 1985, 124 (2).

16. COVINGTON R N, DECKER K H. Employment law in a nutshell [M]. 2nd ed. St. Paul: West Group, 2002: 3–4.

17. ALFREDSSON G, EIDE A. The Universal Declaration of Human Rights: A common standards of achievement [M]. Amsterdam: Kluwer Law International, 1999: 489.

18. HANNUM H. Rescuing human rights: A radically moderate approach [M]. Cambridge: Cambridge University Press, 2019: 81.

19. GAYLE BINION. Human rights: A feminist perspective [J]. Human Rights Quarterly, 1995 (7): 509–526.

20. CHARLESWORTH H. Not waving but drowning: Gender mainstreaming and human rights in the United Nations [J]. Harvard Human Rights Journal, 2005 (18): 1–18.

21. ENGLE K. International human rights and feminism: When discourses meet [J]. Michigan Journal of International Law, 1992 (13): 517–599.

22. COOPER C. Women and the right to work [J].South African Journal on Human Rights, 2009 (25): 573–605.

23. WILLIAM N, ESKRIDGE J R. Title VII's statutory history and the sex discrimination argument for LGBT workplace protections [J]. The Yale Law Journal, 2019 (2): 322–404.

24. PAULINE KIM. Big data and artificial intelligence: New challenges for workplace equality[J]. University of Louisville Law Review, 2018 (10): 326.

25. BRADLEY A A, JESSICA L R, GINA. Big data, and the future of employee privacy[J]. Yale Law Journal, 2019, 128 (3): 713–714.

26. SMITH B，PERRY R. The powers and pitfalls of artificial intelligence［J］．Workforce Solutions Review，2018（10–12）：39.

27. NEERUKONDA M，CHAUDHURI B. Are technologies（Gender）–aeutral：Politics and policies of digital technologies［J］. ASCI Journal of Management，2018，47（1）：39，41，42.

28. CONAGHAN J. Labour law and feminist method［J］. International Journal of Comparative Labour Law and Industrial Relations，2017，33（1）：93–114.

29. SARKIN J，KOENING M. Developing the right to work：Intersecting and dialoguing human rights and economic policy［J］.Human Rights Quarterly，2011（33）：4.